FLUENT SPANISH THROUGH SHORT STORIES

1st Edition

LANGUAGE GURU

Copyright © 2019.

All rights reserved. This book or parts thereof may not be reproduced in any form, stored in any retrieval system, or transmitted in any form by any means—electronic, mechanical, photocopy, recording, or otherwise—without prior written permission of the publisher, except as provided by United States of America copyright law.

ISBN: 9781704078458

Books by Language Guru

English Short Stories for Beginners and Intermediate Learners
Spanish Short Stories for Beginners and Intermediate Learners
French Short Stories for Beginners and Intermediate Learners
Italian Short Stories for Beginners and Intermediate Learners
German Short Stories for Beginners and Intermediate Learners
Russian Short Stories for Beginners and Intermediate Learners
Portuguese Short Stories for Beginners and Intermediate Learners
Korean Short Stories for Beginners and Intermediate Learners

Fluent English through Short Stories
Fluent Spanish through Short Stories

TABLE OF CONTENTS

Introduction.. 6

How to Use This Book... 8

Capítulo uno: Magia y poder...10

Capítulo dos: Estupido vs. mentiroso...23

Capítulo tres: El camino falso...34

Capítulo cuatro: Pensando en riqueza..52

Capítulo cinco: Juegos mentales...70

Capítulo seis: El mito del talento..89

Did You Enjoy the Read?... 105

Answer Key... 106

INTRODUCTION

We all know that immersion is the tried and true way to learn a foreign language. After all, it's how we got so good at our first language. The problem is that it's extremely difficult to recreate the same circumstances when we learn our second language. We come to rely so much on our native language for everything, and it's hard to make enough time to learn the second one.

We aren't surrounded by the foreign language in our home countries. More often than not, our families can't speak this new language we want to learn. And many of us have stressful jobs or classes to attend regularly. Immersion can seem like an impossibility.

What we can do, however, is gradually work our way up to immersion no matter where we are in the world. And the way we can do this is through extensive reading and listening. If you have ever taken a foreign language class, chances are you are familiar with intensive reading and listening. In intensive reading and listening, a small amount of text or a short audio recording is broken down line by line, and every new word is looked up in the dictionary.

Extensive reading, on the other hand, is quite the opposite. You read a large number of pages or listen to hours and hours of the foreign language without worrying about understanding everything. You look up as few words as possible and try to get through material from start to finish as quickly as you can. If you ask the most successful language learners, it's not intensive reading and listening but extensive that delivers the best results. Volume is much more important than total comprehension and memorization.

In order to be able to read like this comfortably, you must practice reading in the foreign language for hours every single day. It takes a massive volume of text before your brain stops intensively reading and shifts into extensive reading.

This book hopes to provide a few short stories in Spanish you can use to practice extensive reading. These stories were written and edited by native Spanish speakers. We hope these stories help build confidence in your overall reading comprehension skills and encourage you to read more native material. They offer supplementary reading practice with a heavy focus on teaching vocabulary words.

Vocabulary is the number one barrier to entry to extensive reading. Without an active vocabulary base of 10,000 words or more, you'll be stuck constantly looking up words in the dictionary, which will be sure to slow down your reading. To speed up the rate at which you read, building and maintaining a vast vocabulary range is absolutely vital. This is why it's so important to invest as much time as possible into immersing yourself in native Spanish every single day. This includes both reading and listening.

We hope you enjoy the book and find it useful in growing your Spanish vocabulary and bringing you a few steps closer to extensive reading and fluency!

HOW TO USE THIS BOOK

To simulate extensive reading better, we recommend keeping things simple and using the short stories in the following manner. Read through each story just once and no more.

The words that have been written in **bold** appear on a vocabulary list at the end of each story. Whenever you encounter a word you don't know, first try to guess its meaning using the surrounding context. If its meaning is still unclear, check the vocabulary list at the end of the chapter. Alternatively, you could even start each story by taking a quick glance at the vocabulary list to familiarize yourself with any new words.

After completing the reading for each chapter, test your knowledge of the story by answering the comprehension questions. Check your answers using the answer key located at the end of the book.

Memorization of any kind is completely unnecessary. Attempting to push new information into your brain forcibly only serves to eat up your time and make it that much more frustrating when you can't recall it in the future. The actual language acquisition process occurs subconsciously, and any effort to memorize new vocabulary and grammar structures only stores this information in your short-term memory.

If you wish to review new information that you have learned from the short stories, there are several options that would be wiser. Spaced Repetition Systems (SRS) allow you to cut down on your review time by setting specific intervals in which you are tested on information in order to promote long-term memory storage. Anki and the Goldlist Method are two popular SRS choices that give you the ability to review whatever information you'd like from whatever material you'd like.

It's also recommended to read each story silently. While reading aloud can be somewhat beneficial for pronunciation and intonation, it's a practice aligned more with intensive reading. It will further slow down your reading pace and make it considerably more difficult for you to get into extensive reading. If you want to work on pronunciation and intonation, take the time to do it during SRS review time. Alternatively, you could also speak to a tutor in the foreign language to practice what you learned.

Trying to actively review everything you learn through these short stories will slow you down on your overall path to fluency. While there may be an assortment of things you want to practice and review, the best way to go about internalizing new vocabulary and grammar is to forget it! If it's that important, it will come up through more reading and listening to more Spanish. Save the SRS and other review techniques for only a small selected sample of sentences you feel are the most important. Languages are more effectively acquired when we allow ourselves to read and listen to them naturally.

And with that, it is time to get started with the six short stories presented in this volume. Good luck, reader!

CAPÍTULO UNO:
MAGIA Y PODER

Un **duende** gritó **aterrorizado**, pero fue inútil. Con un corte rápido de una **larga espada**, su cabeza fue separada de su cuerpo para siempre.

El dueño de la espada era Dreylor, quien andaba a la búsqueda de grandes **tesoros**. Dreylor no era el mejor en combate, pero poseía habilidades **valiosas**. Por un lado, tenía buen ojo. Podía ver enemigos y objetos ocultos mejor que casi cualquier otra persona. Con Dreylor a su lado, nadie podía ser sorprendido por **emboscadas** o **trampas peligrosas**. Es por eso que había sido elegido para acompañar a otros dos **cazadores de tesoros** a través de la **guarida de duendes**.

"Un poco más adelante, y alcanzaremos nuestro objetivo", dijo Jorgen, mientras levantaba su **hacha de batalla** y la colocaba sobre su hombro. Del filo del hacha **goteaba** sangre de duende, pero eso no le importaba al **guerrero**. El tiempo era **esencial**, entonces ¿por qué desperdiciarlo limpiando cuando el trabajo no estaba terminado? Más **derramamiento de sangre** estaba por venir.

El grupo llegó a un **barranco** que **abarcaba** más de diez metros de ancho. El puente para cruzar el barranco había sido cortado desde el otro lado y ahora colgaba bajo sus pies. La **fatalidad** esperaba a cualquiera que tuviera la mala suerte de caer. Mirando hacia arriba, el grupo podía ver el cielo azul brillante, un cielo que les **proporcionaba** la luz natural que los tres no habían visto desde la madrugada.

Language Guru

Mientras que Dreylor y Jorgen presentaban ideas sobre cómo cruzar la **enorme brecha**, el tercer miembro del grupo dio un paso hacia adelante con **confianza y gracia**. Una **capa larga y andrajosa** cubría su cara y su cuerpo, pero se podían ver las manos, mientras giraban y giraban. **Misteriosas runas** cubrían las manos con todo tipo de círculos y **jeroglíficos antiguos**. Las runas comenzaron a tornarse de un color azul brillante, mientras el **viajero encapuchado emitía** palabras en un idioma desconocido. El **canto** no duró más que unos pocos segundos y, al final, las manos brillantes **se dispararon** hacia arriba, lo que significaba el final del **hechizo**.

Brillantes partículas de luz parecían materializarse de la nada y comenzaron a **fusionarse** hasta que se pudo ver la forma de un **arco**. Era un puente con una hermosa coloración prismática. El puente era semitransparente, pero en cuanto la figura **envuelta** lo pisó, los otros dos supieron que era seguro cruzarlo. Volviéndose hacia ellos dos, se podía ver el rostro de una mujer a través de la capucha. Alyssa era su nombre. "El hechizo no **durará** más de un minuto. ¡Rápido, ahora!", ordenó.

Los tres cruzaron enérgicamente y lograron ponerse a salvo al otro lado. Seguramente estaban a punto de llegar al final de la caverna, pero ¿qué les **aguardaba** exactamente? ¿Sería el **alijo de oro** robado como **sugerían** los rumores? Si fuera así, ¿qué la estaría **protegiendo**?

El grupo ascendió por una **tosca escalera de piedra** y finalmente los tres encontraron las respuestas a sus **inquietantes preguntas**. Una **espaciosa** habitación se abrió ante ellos y todo fue revelado. Sí, había muchos **lingotes de oro** como para **enriquecer** a cualquiera como si fuera noble, durante una o dos semanas. Pero también había **orcos**, tres para ser exactos, y no estaban de humor para compartir sus **ganancias** obtenidas ilegalmente. **Aullidos** de

Fluent Spanish through Short Stories

guerra llenaron la sala y solo había una forma de resolver la situación.

Jorgen, sin perder el tiempo hablando, **se apresuró** con su hacha de batalla. Los orcos **bloquearon** su **ataque** con sus **cimitarras** y se giraron para devolver el golpe. Alyssa **apuntó** y disparó **lanzas** hechas de hielo a las **criaturas** verdes. Dreylor, sin embargo, no se veía por ninguna parte.

Enfrentar a tres cimitarras de tres orcos **despiadados ahuyentaría** a la mayoría de los **luchadores**, e incluso Jorgen mostró signos de miedo en sus ojos al escuchar el **silbido** de los filos que por poco golpean sus orejas. Ya no podía atacar, puesto que estaba ocupado bloqueando, **esquivando** e intentando no ser partido en dos. Un movimiento afortunada, desde abajo, logró atravesar sus defensas e hizo una **herida** en su pierna. A esto siguió un grito de dolor, mientras los orcos sonreían. Las **bestias** verdes se acercaban para terminar el trabajo cuando una lanza de hielo los **detuvo en seco**. Apenas falló debido al desafortunado lanzamiento de Alyssa, y ahora los monstruos estaban divididos acerca de a qué aventurero **perseguir**.

Cuando los orcos volvieron la cabeza para **discutir** su plan de batalla, descubrieron que solo eran dos. Uno yacía en el suelo en un **charco** de su propia sangre, herido de muerte. Parecía que quien había matado a su compañero orco había desaparecido de nuevo en las sombras.

Mientras los dos orcos restantes permanecían **confundidos**, Jorgen **aprovechó** la oportunidad para devolver el golpe. Devolvió el favor que le habían hecho cortando a un orco en el pie. Esto hizo que el orco emitiera un **gruñido rabioso**. Desafortunadamente para él, solo unos momentos después, fue **encerrado** en un bloque de hielo luego de un **disparo oportuno** de la **hechicera**.

El orco restante echó una mirada de temor cuando se dio cuenta de que ya no podía ganar. Pasó corriendo a Jorgen y Alyssa con la intención de tomar el camino por el que ellos habían llegado. Justo antes de llegar a la escalera, un cuchillo arrojado desde lejos **aterrizó** justo en su espalda, poniendo fin a la lucha.

Dreylor salió de las sombras **envainando** su larga espada en su **estuche**. "¡Eres un gran **escudo de carne**, Jorgen! Sin embargo, yo tengo la primera oportunidad del **botín**. Yo eliminé a la mayoría", exclamó.

"¡Oh vamos! Este fue un esfuerzo de equipo, ¡y tú lo sabes! No puedes simplemente obtener el mejor botín porque eres el **DPS**", dijo Jorgen.

"Seguro que puedo. Mi personaje corre hacia el oro y recoge todo lo que puede cargar. Recibo una bonificación de **saqueo** de +2, ya que tengo el **logro** de **contrabandista**", respondió Dreylor.

"Eso es un **montón de basura**, y lo sabes, amigo", dijo Alyssa, aunque ahora con la voz de un hombre. "Si sigues jugando así, ni siquiera te molestes en volver a la próxima sesión de juego".

"De acuerdo. Bien. Lanzo una prueba de habilidad de '**juego de manos**'. Obtuve un 15 y, con mis bonos de clase, creo que tomaré lo que es mío", respondió el jugador que manejaba a Dreylor.

"¿Sabes qué? He terminado. Me llevo los **dados** y me voy a casa", dijo, apresurándose, el jugador que tenía a Jorgen.

Vocabulario

- **magia y poder** --- magic and might

- **duende** --- goblin

- **aterrorizado** --- terrified

- **larga espada** --- long sword

- **tesoro** --- treasure

- **valioso** --- valuable

- **emboscada** --- ambush

- **trampa peligrosa** --- dangerous trap

- **cazador de tesoros** --- treasure hunter

- **guarida de duendes** --- goblin lair

- **hacha de batalla** --- battle ax

- **gotear** --- to drip

- **guerrero** --- warrior

- **esencial** --- essential

- **derramamiento de sangre** --- bloodshed

- **barranco** --- ravine

- **abarcar** --- to cover, to extend over

- **fatalidad** --- doom

- **proporcionar** --- to provide

- **enorme brecha** --- massive gap

Language Guru

- **confianza y gracia** --- confidence and grace
- **capa larga y andrajosa** --- long, tattered cape
- **Misteriosa runa** --- mysterious rune
- **jeroglífico antiguo** --- ancient hieroglyph
- **viajero encapuchado** --- hooded traveler
- **emitir** --- to emit
- **canto** --- chant
- **dispararse** --- to shoot upwards
- **hechizo** --- spell
- **fusionarse** --- to fuse, to merge
- **arco** --- arch
- **envolver** --- to wrap
- **durar** --- to last
- **aguardar** --- to await, to lie in store
- **alijo de oro** --- stash of gold
- **sugerir** --- to suggest
- **proteger** --- to protect
- **tosco** --- crude
- **escalera de piedra** --- stone staircase
- **inquietante pregunta** --- burning question
- **espacioso** --- spacious

- **lingote de oro** --- gold bar
- **enriquecer** --- to make rich
- **orco** --- orc
- **ganancia** --- profit, gain
- **aullido** --- howl
- **apresurarse** --- to hurry
- **bloquear** --- to block
- **ataque** --- attack
- **cimitarra** --- scimitar
- **apuntar** --- to aim
- **lanza** --- spear
- **criatura** --- creature
- **enfrentar** --- to face, to confront
- **despiadado** --- ruthless
- **ahuyentar** --- to scare off
- **luchador** --- fighter
- **silbido** --- whistling sound
- **esquivar** --- to dodge
- **herida** --- wound
- **bestia** --- beast
- **detener en seco** --- to stop something or someone in their tracks

Language Guru

- **perseguir** --- to pursue
- **discutir** --- to discuss
- **charco** --- puddle
- **confundir** --- to confuse
- **aprovechar** --- to take advantage of
- **gruñido rabioso** --- snarling growl
- **encerrar** --- to enclose
- **disparo oportuno** --- well-timed shot
- **hechicera** --- sorceress
- **aterrizar** --- to land
- **envainar** --- to sheathe
- **estuche** --- case
- **escudo de carne** --- meat shield
- **botín** --- loot
- **DPS** --- DPS (damage per second)
- **saqueo** --- looting
- **contrabandista** --- smuggler
- **logro** --- feat
- **montón de basura** --- load of crap
- **juego de manos** --- sleight of hand
- **dados** --- dice

Preguntas de comprensión

1. ¿Quién podía ver enemigos y objetos ocultos mejor que nadie?
    A) Dreylor
    B) Jorgen
    C) Alyssa
    D) Los orcos

2. Si usted se cae al barranco, ¿qué es probable que suceda?
    A) Se convertiría en un pájaro y volaría lejos.
    B) Caería a la muerte.
    C) Encontraría un tesoro.
    D) Caería sobre almohadas gigantes.

3. ¿Qué encontraron los aventureros al final de la caverna?
    A) Cajas de objetos robados
    B) Pilas de lingotes de oro y tres orcos
    C) Un dragón que escupía fuego
    D) Pilas de barras de plata y dos orcos

4. ¿Cómo se lesionó Jorgen durante la pelea?
    A) Su pierna fue cortada profundamente.
    B) Su brazo fue aplastado por un martillo.
    C) Su cuerpo fue apuñalado.
    D) Su cabeza fue cortada.

5. ¿Qué estaba tratando de hacer Dreylor con su "juego de manos"?
    A) Estaba tratando de realizar un truco de magia.
    B) Estaba tratando de robar los dados de los jugadores.
    C) Estaba tratando de robar el tesoro.
    D) Estaba tratando de robar el oro de sus compañeros de
        equipo.

English Translation

A goblin cried out in terror, but it was to no use. With a swift chop from a long sword, its head was forcibly removed from its body permanently.

The owner of the sword was Dreylor, who was on the hunt for great treasures. Dreylor was not the greatest at combat, but he did possess many valuable skills. For one, he had a keen eye. He could see hidden enemies and objects better than almost anyone else. With Dreylor at your side, you're never surprised by ambushes or dangerous traps. This is why he has been chosen to accompany two other fellow treasure hunters through the goblin lair.

"Just a little farther up ahead, and we'll reach our target," spoke Jorgen, as he raised his battle ax and placed it over his shoulder. Dripping from the ax's blade was more goblin blood, but it mattered not to this warrior. Time was of the essence, so why waste it cleaning when the job wasn't finished? More bloodshed was certainly to come.

The group reached a ravine that spanned over ten meters wide. The bridge to cross the ravine had been cut from the other side and now was dangling beneath their feet. Doom awaited anyone unlucky enough to fall in. Looking up, the group could see the bright blue sky, providing natural daylight, which the three had not seen since the early morning.

As Dreylor and Jorgen were coming up with ideas on how to cross the massive gap, the third member of the party stepped forward with confidence and grace. A long, tattered cloak covered the face and body, but the hands could be seen, as they were twirling and circling. Mysterious runes covered the hands with all sorts of circles and ancient scripts. They began to glow bright blue, as words in an unfamiliar language came from the cloaked traveler.

Fluent Spanish through Short Stories

The chant was not more than a few seconds long, and at the end, the glowing hands shot upwards, signifying the end of the spell.

Bright particles of light seemed to materialize out of nowhere. They began to draw closer together until the shape of an arch could be seen. It was a bridge, one with a beautiful prismatic coloring. The bridge was semi-transparent, but when the cloaked figure stepped upon it, the other two knew it was safe to cross. Turning towards the other two, a face of a woman could be seen through the hood. Alyssa was her name. "The spell won't last for more than a minute. Quickly now!" she commanded.

The three walked briskly across and had safely managed to reach the other side. They were surely on the verge of reaching the end of the cavern, but what exactly lay in store for them? Would it be the stolen stash of gold as rumors suggested? If so, what would be guarding it?

The party ascended a crude staircase made of stone and finally found the answers to their burning questions. A spacious room opened up before them, and all was revealed. Yes, there were stacks of gold bars to make anyone rich as a noble for a week or two. But there were also orcs, three to be exact, and they were not in the mood to share their ill-gotten gains. Howls of war filled the room, and there was only one way to resolve this situation.

Jorgen rushed in with his battle-ax and wasted no time talking. The orcs blocked his attack with their scimitars and took turns striking back. Alyssa took aim and fired spears made of ice at the green creatures. Dreylor, however, was nowhere to be seen.

Facing three scimitars from three vicious orcs would scare away most fighters, and even Jorgen showed signs of fear in his eyes as he heard the whooshing sounds of blades barely missing his ears. He could no longer attack, as he was busy blocking, dodging, and trying not to be cleaved in two. A lucky swing from below managed to get through his defenses and made a gash down his leg.

A cry of pain followed, and the orcs grinned in turn. The green brutes approached to finish the job when an ice spear stopped them in their tracks. It barely missed due to Alyssa's unfortunate aiming, and now the monsters were torn between which adventurer to pursue.

When the orcs turned their heads to discuss their battle plan, they found out that they were down to just two. One was lying on the floor in a pool of its own blood, fatally wounded. It appeared that whoever killed their orc comrade had disappeared back into the shadows.

While the two remaining orcs stood around confused, Jorgen took the opportunity to strike back. He returned the favor by slashing one orc in the foot. This sent the orc into a snarling rage. Unfortunately for him, just a few moments later, he was encased in a block of ice after a well-timed shot from the sorceress.

The remaining orc gave a look of apprehension when he knew he could no longer win. He sprinted past Jorgen and Alyssa towards the path they came. Just before he reached the staircase, a knife thrown from afar landed right in his back, bringing the fight to an end.

Dreylor stepped out from the shadows sheathing his long sword back into its case. "You do make for a great meat shield, Jorgen! I call first dibs on the loot, though. I did get most of the kills."

"Oh come on! This was a team effort, and you know it! You can't just go around getting the best loot because you're the DPS," said Jorgen.

"Sure I can. My character sprints towards the gold and picks up as much as he can carry. I get a +2 looting bonus since I have the smuggler feat," retorted Dreylor.

Fluent Spanish through Short Stories

"That's a load of crap, and you know it dude," said Alyssa, although now with a voice of a man. "If you keep playing like this, don't even bother coming back to the next gaming session."

"Alright. Fine. I roll a 'sleight of hand' skill check. I got a 15, and with my class bonuses, I think I'll be taking what's mine," replied the player playing Dreylor.

"You know what? I'm done. I'm taking my dice and going home," the player playing Jorgen snapped back.

CAPÍTULO DOS:
ESTUPIDO VS. MENTIROSO

La **temporada** de elección presidencial estaba **en marcha**, y la carrera se redujo a solo dos **candidatos**. Muchos **políticos** habían hecho **campaña** en los últimos dos años, tratando de obtener suficiente **apoyo**, pero la **competencia** había sido demasiado **intensa** para la gran mayoría.

Por una razón u otra, los **votantes** no apoyaron sus **causas**. Algunos tenían ideas políticas excelentes, inteligentes y prácticas, pero sus personalidades eran débiles. Sus palabras habían sido **ensayadas** cuidadosamente y no sonaban **auténticas** en absoluto. Sonaban como cualquier otro político que había hecho las mismas promesas que los votantes habían escuchado cientos de veces en el pasado. Si eran **elegidos**, crearían empleos, trabajarían duro para la **clase media** e **invertirían** en educación. Era la misma **retórica** que se escuchaba una y otra vez, y la gente estaba harta de eso. Si alguien iba a ser presidente, tendría que parecer **genuino** de corazón.

Otros candidatos se hicieron muy **notorios**. Los **escándalos** son parte de cada **ciclo electoral** y tan solo uno podría **condenar** la **carrera** de cualquier político. Los escándalos sexuales, en particular, eran una **sentencia de muerte** política. Las noticias de los romances eran comunes, pero a veces los **detalles** se volvían bastante **inquietantes**. Ese año, un candidato fue captado por la cámara tocando inapropiadamente a niñas **menores de edad** en un **mitin**. Los **medios de comunicación** se enteraron de la historia y, pronto, las noticias en que **se especulaba** que ese candidato era un **pedófilo** fueron **transmitidas** todo el día y toda la noche hasta que **abandonó** la campaña.

Incluso si los candidatos tenían una buena moral y eran generalmente de buen carácter, del tipo lento o tonto, podían ser **humillados** y luego también eliminados. Un candidato podría hablar muy bien el 99% del tiempo, pero todo lo que se necesita es un solo error para acabar con su campaña. Todo lo que se dice frente a una cámara se puede reproducir infinitamente para **convencer** a los votantes de que **cierto** candidato es un idiota.

Por un lado, estos políticos **se postulan** para **el cargo más alto** del país, por lo que es mejor que estén preparados para todo. Por otro lado, son humanos y los humanos **cometen errores**.

Sin embargo, hay un error que no puede ser **perdonado**. Y ese es la **corrupción**. Las prácticas comerciales **sombrías**, las reuniones secretas con las élites ricas y el abuso de poder se presentan con una **frecuencia alarmantemente** alta. Por supuesto, el dinero es la causa principal de muchas de estas elecciones amorales. Postularse para un cargo requiere de mucho dinero y la competencia para **asegurar** suficiente capital es brutal. Desafortunadamente, debido a que las corporaciones, los bancos y los multimillonarios invierten tanto dinero en los candidatos, es difícil saber dónde se encuentra la verdadera **lealtad** de un político.

Pero, eventualmente, cada carrera se reduce a unos pocos candidatos. Este año, dos van muy **nivelados** en las **encuestas**.

Primero, está el candidato liberal Roberto Rodríguez. Con una reputación **basada** en una personalidad adorable y un **comportamiento encantador**, es fácil entender el **atractivo** que tiene para muchos votantes. Es increíblemente amable con todos los reporteros, políticos y **ciudadanos** con los que se encuentra.

Language Guru

Sin embargo, después de una **revisión** más detallada, es obvio que sus políticas son muy **vagas**, sin una base real que las **respalde**. Por ejemplo, cada vez que Rodríguez es **cuestionado a fondo** sobre sus políticas económicas, llega a un punto en el que **hace una broma** y **cambia de tema** rápidamente. Es tan encantador que esta táctica se vuelve peligrosamente **efectiva**.

Y segundo, está el candidato **conservador**, Eduardo Castro, quien no lo hace mucho mejor. Es un **vendedor** experto, que sabe cómo vender a las personas una idea. Su equipo ha creado **lemas** de campaña simples pero poderosos, que prometen un cambio real. Es difícil saber qué tanto **cumplirá** sus ideas revolucionarias si es elegido. Castro tiene **fama** de mentir sobre hechos pasados. Cuando se le pregunta acerca de sus **declaraciones** pasadas, ataca verbalmente a miembros de la **prensa** y no se detiene. Es duro e **implacable** con sus insultos y esa es parte de su **estrategia** para hacer que la gente cuestione la **integridad** de los medios de comunicación. Dada su popularidad, definitivamente es efectivo.

Entonces, al final, sin importar qué candidato gane, el que pierde es el país. Casi parece que los votantes tendrán que elegir entre "estúpido" o "mentiroso" en la **papeleta**. ¿Cómo diablos fue que se llegó a esto? ¿Por qué tenían que ser estos dos?

Vocabulario

- **estupido vs. mentiroso** --- stupid vs. liar

- **temporada** --- season

- **en marcha** --- underway

- **candidato** --- candidate

- **político** --- politician

- **campaña** --- campaign

- **apoyo** --- support

- **competencia** --- competition

- **intenso** --- intense

- **votante** --- voter

- **causa** --- cause

- **ensayar** --- to rehearse

- **auténtico** --- authentic

- **elegir** --- to elect

- **clase media** --- middle class

- **invertir** --- to invest

- **retórica** --- rhetoric

- **genuino** --- genuine

- **notorio** --- notorious

- **escándalo** --- scandal

Language Guru

- **ciclo electoral** --- election cycle

- **condenar** --- to condemn

- **carrera** --- career, race

- **sentencia de muerte** --- death sentence

- **detalle** --- detail

- **inquietante** --- disturbing

- **menor de edad** --- underage

- **mitin** --- rally

- **medios de comunicación** --- media

- **especularse** --- to speculate

- **pedófilo** --- pedophile

- **transmitir** --- to broadcast

- **abandonar** --- to drop out, to abandon

- **humillado** --- humiliated

- **convencer** --- to convince

- **cierto** --- certain

- **postularse** --- to run for

- **el cargo más alto** --- the highest office

- **cometer errores** --- to make mistakes

- **perdonar** --- to forgive

- **corrupción** --- corruption

Fluent Spanish through Short Stories

- **sombrío** --- shady

- **frecuencia** --- frequency

- **alarmantemente** --- alarmingly

- **asegurar** --- to secure

- **lealtad** --- loyalty

- **nivelar** --- to level

- **encuesta** --- poll

- **basar** --- to base on

- **comportamiento encantador** --- charming behavior

- **atractivo** --- appeal

- **ciudadano** --- citizen

- **revisión** --- inspection

- **vago** --- vague

- **respaldar** --- to back up (in an argument)

- **cuestionar** --- to question

- **a fondo** --- in depth

- **hacer una broma** --- to crack a joke

- **cambiar de tema** --- to change the subject

- **efectivo** --- effective

- **conservador** --- conservative

- **vendedor** --- salesman

Language Guru

- **lema** --- slogan

- **cumplir** --- to fulfill, to carry out

- **fama** --- reputation

- **declaracion** --- statement

- **prensa** --- the press

- **implacable** --- ruthless

- **estrategia** --- strategy

- **integridad** --- integrity

- **papeleta** --- ballot

Preguntas de comprensión

1. ¿Qué estaban cansados de escuchar los votantes?
    A) La música a todo volumen en las manifestaciones
    B) El sonido de los debates políticos
    C) Las mismas viejas promesas de los políticos
    D) La cobertura continua de las elecciones en las noticias

2. ¿Cuál es el único error que no se puede perdonar?
    A) Corrupción
    B) Escándalos
    C) Incompetencia
    D) Palabrería

3. Si usted tiene una personalidad encantadora y adorable...
    A) usted es increíblemente amable y la gente lo ama.
    B) usted es bastante grosero y no le agrada a la gente.
    C) usted es muy afortunado y le pasan cosas buenas.
    D) usted es desafortunado y le suceden cosas malas.

4. ¿Qué hace Eduardo Castro cuando los periodistas lo interrogan sobre sus declaraciones pasadas?
    A) Los ataca físicamente y los daña.
    B) Los ataca verbalmente y los insulta.
    C) Los ataca mentalmente y los confunde.
    D) Los ataca psicológicamente y los tortura.

5. ¿Qué es una papeleta?
    A) Un recurso utilizado para emitir un voto en una elección
    B) Una declaración del recuento total de votos en una elección
    C) Un volante publicitario de un candidato político
    D) Un documento que prueba que un ciudadano está registrado para votar

Language Guru

English Translation

The presidential election season was underway, and the race was down to just two candidates. Many politicians had campaigned over the last two years, trying to gather enough support, but the competition was too fierce for the vast majority.

For one reason or another, voters did not flock to their causes. Some had excellent policy ideas that were smart and practical, but their personalities were weak. Their words were carefully rehearsed and didn't sound authentic at all. They sounded like any other politician who made the same promises voters have heard hundreds of times in the past. If they were elected, they would create jobs, work hard for the middle class, and invest in education. It was the same old rhetoric heard time and time again, and the people were sick of it. If someone was going to become president, they would have to seem genuine at heart.

Other candidates stood out a little too much. Scandals are a part of every election cycle, and just one could doom any politician's career. Sex scandals, in particular, were a political death sentence. News of affairs were commonplace, but sometimes the details got quite disturbing. This year, one candidate was caught on camera inappropriately touching under-aged girls at a rally. The news media caught wind of the story, and soon, news stories speculating that this person was a pedophile was broadcast all day and night until he dropped out of the race.

Even if candidates were moral and generally of good character, slow or dim-witted types could be humiliated and then eliminated as well. A candidate could be very well spoken 99% of the time, but all it takes is just one mistake to end someone's campaign. Anything said in front of a camera can be played back infinitely to convince voters that a certain candidate is an idiot.

Fluent Spanish through Short Stories

On one hand, these politicians are running for the highest office in the country, so they better be prepared for anything and everything. On the other hand, they are human, and humans makes mistakes.

One mistake, however, cannot be forgiven. And that is corruption. Shady business practices, secret meetings with wealthy elites, and abuse of power take place at a frighteningly high frequency. Of course, money is the root cause for many of these amoral choices. Running for office is not cheap by any means, and the competition to secure enough capital is brutal. Unfortunately, because corporations, banks, and billionaires invest so much money into candidates, it's difficult to tell where a politician's true loyalties lie.

But eventually, every race narrows down to just a few candidates. This year, two are neck and neck in the polls.

First, there is the liberal candidate Roberto Rodríguez. With a reputation based on a lovable personality and charming behavior, it's easy to understand the appeal he has with many voters. He's incredibly nice to every reporter, politician, and citizen he comes across.

Upon further inspection, however, it's obvious his policies are very vague with no real substance behind them. Anytime Rodríguez is thoroughly questioned about economic policies, for example, there comes a point where he will crack a joke and quickly change topics. He's so charming that this tactic becomes dangerously effective.

And second, the conservative candidate, Eduardo Castro, is not all that much better. He's a master salesman, who knows how to sell people on an idea. His team has created simple yet powerful campaign slogans that promise real change. It's difficult to tell how well he will deliver on his revolutionary ideas if he's elected. Castro has a reputation for lying about past events. When questioned about his past statements, he verbally attacks members of the press, and he doesn't hold back. He's tough and ruthless with his insults, which is part of his strategy to get people to question the integrity of the news media. Given his popularity, it's most definitely effective.

So in the end, it seems whichever candidate wins the country loses. It almost seems if voters have to choose between "stupid" or "liar" on the ballot. How the heck did it come to this? Why did it have to be these two?

CAPÍTULO TRES:
EL CAMINO FALSO

Desde que era una adolescente, Marlene sabía que estaba destinada a ser **escritora**. Incluso cuando era niña tenía una atracción magnética que la llevaba al mundo de los libros. Ella **devoraba** historia tras historia y sus padres no tenían problema en comprarle más libros para **satisfacer** su hábito de **lectura**. Era una inversión fácil y relativamente **económica**, que definitivamente **valdría la pena** en el futuro cercano.

Sin embargo, el **creciente deseo** de Marlene de escribir no sería reconocido. Sus padres veían su obsesión por la lectura de ficción como una **señal** de un intelecto alto, por lo que hicieron un **esfuerzo conjunto** para apoyarla y que enfocara su tiempo y esfuerzo en la escuela. Pronto, Marlene no tuvo tanto tiempo para leer sus nuevas novelas porque tenía que asistir a clases de piano y matemáticas después de la escuela. Marlene no puso ninguna objeción a estas clases adicionales, ya que su madre y su padre le dijeron que estaba increíblemente **dotada** de talentos que no tenían muchos otros niños. Sería una **lástima** dejar que todas sus habilidades naturales se **desperdiciaran** cuando podrían usarse para bien.

Cuando Marlene ingresó a la escuela secundaria, la **presión** comenzó a aumentar aún más. Se esperaba que sacara una **calificación de A** cada semestre y, para **asegurarse** de que lo estaba haciendo lo mejor posible, su madre le preguntaba todos los días sobre lo que había aprendido. Marlene tenía que explicar lo que estaba aprendiendo en todas sus clases y cuando no podía recordar detalles importantes, su madre siempre sonreía y **bromeaba**. Ella nunca fue directamente mala con su hija. Sus intenciones estaban **ingeniosamente disfrazadas** de amor y de un carácter simplón. Sin embargo, Marlene sabía que esa manera de actuar era la forma indirecta en que su madre le **daba a entender** que ella necesitaba estudiar esa noche. Sería interrogada más tarde, esa misma noche, para asegurarse de que conocía la información para el día siguiente.

Todas las sesiones escolares y de estudio adicionales no dejaban mucho tiempo a Marlene para tener vida social. Cuando tenía una o dos horas para ella sola, prefería continuar leyendo el último libro donde lo había dejado. Su padre la **recompensaba** con algunas novelas nuevas por cada **boletín de calificaciones** que le traía. Y siempre sería una A, ya que nunca **decepcionó** las expectativas de sus padres.

Esos pocos **momentos libres**, cuando leía, parecían irse demasiado rápido. Las páginas volaban mientras ella corría **frenéticamente** contra reloj para hacer el mayor progreso posible. Sin embargo, nunca parecía tener el tiempo suficiente.

Durante las horas en que estaba leyendo, el tiempo no existía. Marlene estaba **inmersa** en el mundo que los autores creaban. Sus personajes tenían nuevos niveles de **complejidad** con cada capítulo que leía. Había algo especial en cómo los personajes se presentaban y cómo sus acciones no **se alineaban** con la imagen pública que ellos mismos habían creado. Sus acciones siempre **revelaban** su verdadero carácter, pero esas acciones a veces pasaban **desapercibidas**. Los **lectores**, sin embargo, eran **ubicados** directamente en el interior de las mentes de los personajes. De esta manera, los autores podían hacer que los lectores comenzaran a preocuparse por lo que les sucedía a ciertas personas en la historia. Este proceso fascinaba **por completo** a Marlene.

Fluent Spanish through Short Stories

La universidad la pondría a prueba al **alejarla** de su obsesión. Sin embargo, la **libertad** que **conlleva** vivir fuera de casa fue ciertamente bienvenida. Cómo pasar el tiempo era su decisión y de ella sola. En el campus y en los dormitorios, Marlene tenía espacio para socializar con otros estudiantes y pasaba tiempo, simplemente, con personas de su edad. Desde **fiesteros empedernidos** hasta jóvenes **genios**, ella se encontraba con todo tipo de personas. Los **emprendedores** con mentalidad **empresarial** tenían ideas muy originales sobre cómo funciona el mundo. Los **atletas prometedores** tenían **fuerza** y habilidades que ella ni siquiera sabía que eran posibles. Y, por supuesto, un gran porcentaje de estudiantes que conoció estaban en el mismo bote que ella, **flotando**, tratando de encontrar su lugar en la sociedad.

Marlene **soñaba** con convertirse en una escritora famosa, pero era un sueño con muchos **riesgos**. No muchos escritores **lograban** ser **exitosos**, después de todo. Muchos de los que buscaron **hacer realidad** su sueño, no pudieron llegar a un **acuerdo** con algún **editor de renombre**. Ella escuchaba una y otra vez historias de escritores que pasaron años escribiendo novelas perfectamente **elaboradas** solo para ser **rechazadas** por todos. Estos escritores terminaron trabajando en empleos sin futuro, solo para pagar las **cuentas** y terminar en la **pobreza**. Debido a que la creación de sus libros **exigían** tanto tiempo y esfuerzo, ellos con frecuencia abandonaban la idea de comenzar cualquier otra carrera.

Marlene, ciertamente, no quería terminar **atrapada** en un trabajo mal pagado y con un libro que nadie quisiera leer. ¿Qué destino tan horrible sería ese? Y entonces decidió **dedicar** toda su energía a comenzar una carrera legítima. Tendría que ser una carrera en la que pudiera escribir todos los días, e inmediatamente la idea de convertirse en **periodista** pareció ser la más **factible**. Sabía que tenía la capacidad académica de estudiar el **oficio** y aprender a escribir **artículos de noticias** de forma profesional. Demostraría que su intuición era correcta. Las clases no fueron un **desafío** para ella y, además, tuvo la disciplina para buscar la **pasantía adecuada** a sus necesidades.

Cuando **se graduó** de su licenciatura en periodismo, Marlene tuvo un **trabajo fijo** en una importante corporación, como editora y columnista. Su transición a la **vida laboral** fue **fluida** y sus padres estaban extremadamente **orgullosos** de lo que había logrado.

Las horas eran largas y el trabajo era muy exigente. La **edición** de artículos de noticias requería de un pensamiento cuidadoso y decisiones difíciles. También se requería de **investigación** y, sobre todo, consumía mucho tiempo. El volumen de artículos que necesitaban edición era extremadamente alto y Marlene tenía que trabajar rápido para poder editarlos a todos.

Sin embargo, cuando se trataba de escribir noticias, había una sensación de **desasosiego** en su interior. El formato que le habían dado tenía una gran cantidad de restricciones. La corporación requería que la información se presentara de cierta manera y no había espacio para sus propias ideas. Ella simplemente estaba investigando ciertos hechos y reportándolos. Esencialmente, era un trabajo duro.

Para poder escribir con su propio **estilo**, tendría que ser **promovida** a columnista sénior, lo que llevaría hasta 10 años poder lograrlo. La idea de practicar ese estilo de **escritura restringido** durante tanto tiempo la enfermaba. Con el tiempo, lentamente, esos pensamientos se convirtieron en una **ansiedad** creciente que hizo miserable la vida de Marlene. Como resultado, comenzó a **recurrir** al alcohol para **aliviar** su **dolor**.

La idea de tener que esperar diez años para obtener la libertad de escribir como ella quería era simplemente **insoportable**. Se quedaría atrapada en un trabajo en el que tendría que trabajar en exceso. De lunes a viernes, Marlene volvía a casa tan cansada que no quería hacer nada más que tomar una **copa de vino** y mirar televisión hasta que llegara la hora de **acostarse**. Y los fines de semana estaba demasiado **deprimida** como para querer salir y hacer cualquier cosa.

Para ayudarse a **sobrellevar** su depresión, volvió a leer novelas, aunque esta vez no fue lo mismo. Esa fascinación **infantil** que una vez tuvo ya no estaba allí. Había una sensación horrible en el fondo de su mente que hacía que fuera bastante difícil concentrarse en la historia. Era **desgarrador** comenzar a perder el interés en algo por lo que estaba absolutamente **hipnotizada** cuando era niña. ¿Por qué no podía volver a tiempos más simples, cuando pasaba horas leyendo novelas mientras soñaba con sus propios personajes?

Marlene había decidido, hacía mucho tiempo, que era una **tontería** comenzar a escribir una novela esperando que algún día tuviera **éxito**. Pero ahora, la idea le generaba más emoción que nunca. La posibilidad de que se convirtiera en un *best seller* **resonaba** con fuertes sentimientos de **alegría** que ella no había sentido en mucho tiempo. E incluso si la novela no tenía mucho éxito, al menos tenía que intentarlo. Si no lo hacía, sabía que tendría una **vejez** miserable y eventualmente **amargada**.

Trabajar como periodista corporativa estaba **drenando** toda la fuerza y la vitalidad que necesitaba para **verter** en el trabajo de su vida. La verdad estaba clara. Tendría que **renunciar** a su **trabajo bien remunerado** para liberarse por completo. La novela que siempre quiso escribir tardaría una eternidad en completarse si solo escribía los fines de semana. E incluso entonces, estaría escribiendo mientras aún estaba exhausta por haber trabajado demasiado durante la semana.

Tendría que escribir todos los días. La larga espera durante la semana sería demasiado. Y así, Marlene renunció a su lucrativa

Language Guru

posición de periodista y encontró trabajo a **tiempo parcial** como editora y **correctora** independiente. Fue un **recorte salarial** severo, pero valió la pena tener el tiempo y la energía para trabajar todos los días en su sueño.

Es difícil decir si ella logrará un **acuerdo editorial** o no, pero en este punto, a Marlene ya no le importa. **La paz mental** es lo único **garantizado**.

Fluent Spanish through Short Stories

Vocabulario

- **el camino falso** --- the false path

- **escritor** --- writer

- **devorar** --- to devour

- **satisfacer** --- to satisfy

- **lectura** --- reading

- **económico** --- cheap

- **valer la pena** --- to be worth the effort

- **creciente deseo** --- growing desire

- **señal** --- sign, signal

- **esfuerzo conjunto** --- joint effort

- **dotar** --- to endow with, to bless with

- **lástima** --- shame, pity

- **desperdiciar** --- to waste

- **calificación de A** --- A grade

- **asegurarse** --- to make sure, to secure

- **bromear** --- to joke

- **ingeniosamente disfrazar** --- to cleverly disguise as

- **dar a entender** --- to imply

- **recompensar** --- to reward

- **boletín de calificaciones** --- report card

Language Guru

- **decepcionar** --- to disappoint
- **momento libre** --- spare moment
- **frenéticamente** --- frantically
- **inmerso** --- immersed
- **complejidad** --- complexity
- **alinearse** --- to align with
- **revelar** --- to reveal
- **desapercibido** --- unnoticed
- **lector** --- reader
- **ubicar** --- to locate
- **por completo** --- completely
- **alejar** --- to move away from
- **libertad** --- freedom
- **conllevar** --- to entail, to involve
- **fiestero** --- party animal
- **empedernido** --- hardened
- **genio** --- genius
- **emprendedor** --- entrepreneur
- **empresarial** --- business, entrepreneurial
- **atleta prometedor** --- promising athlete
- **fuerza** --- strength

Fluent Spanish through Short Stories

- **flotar** --- to float

- **soñar** --- to dream

- **riesgo** --- risk

- **lograr** --- to achieve, to reach

- **exitoso** --- successful

- **hacer realidad** --- to make come true

- **acuerdo** --- agreement

- **editor de renombre** --- renowned publisher, renowned editor

- **elaborar** --- to produce, to make

- **rechazar** --- to reject

- **cuenta** --- bill, check

- **pobreza** --- poverty

- **exigir** --- to demand

- **atrapada** --- trapped

- **dedicar** --- to dedicate

- **periodista** --- journalist

- **factible** --- feasible

- **oficio** --- trade, job

- **artículo de noticias** --- news article

- **desafío** --- challenge

- **pasantía** --- internship

Language Guru

- **adecuado** --- right, suitable
- **graduarse** --- to graduate
- **licenciatura** --- (academic) degree
- **trabajo fijo** --- steady job
- **vida laboral** --- work life
- **fluido** --- smooth, fluid
- **orgulloso** --- proud
- **edición** --- editing
- **investigación** --- research
- **desasosiego** --- unease, anxiety
- **estilo** --- style
- **promover** --- to promote
- **escritura** --- writing
- **restringido** --- restricted
- **ansiedad** --- anxiety
- **recurrir** --- to resort to
- **aliviar** --- to relieve
- **dolor** --- pain
- **insoportable** --- unbearable
- **copa de vino** --- glass of wine
- **acostarse** --- to go to bed

Fluent Spanish through Short Stories

- **deprimida** --- depressed
- **sobrellevar** --- to cope with
- **infantil** --- child-like, childhood
- **desgarrador** --- heartbreaking
- **hipnotizada** --- hypnotized
- **tontería** --- nonsense
- **éxito** --- success
- **resonar** --- to resonate
- **alegría** --- joy
- **vejez** --- old age
- **amargado** --- bitter, resentful
- **drenar** --- to drain
- **verter** --- to pour
- **renunciar** --- to quit a job, to resign
- **trabajo bien remunerado** --- well-paying job
- **tiempo parcial** --- part-time
- **corrector** --- proofreader
- **recorte salarial** --- severe pay cut
- **acuerdo editorial** --- publishing deal
- **La paz mental** --- peace of mind
- **garantizado** --- guarantee

Preguntas de comprensión

1. Los padres de Marlene observaron la obsesión de su hija por la lectura como...
   A) una señal de creatividad.
   B) una señal de alto intelecto.
   C) una señal de esperanza.
   D) una señal de los dioses.

2. ¿Qué tipo de personas conoció Marlene en la universidad?
   A) Fiesteros empedernidos, genios, empresarios, atletas y otros
   B) Fiesteros empedernidos, hechiceros, guerreros y pícaros
   C) Fiesteros empedernidos, políticos, votantes y reporteros
   D) Fiesteros empedernidos, autores, personajes y lectores

3. ¿Por qué la mayoría de los escritores tienen dificultades para alcanzar el éxito?
   A) Escriben libros malos.
   B) Escriben muy despacio.
   C) Escriben descuidadamente.
   D) No pueden llegar a un acuerdo con un editor importante.

4. ¿Por qué a Marlene no le gustaba escribir como periodista para la corporación?
   A) Era demasiado fácil y no se sentía desafiada en absoluto.
   B) El trabajo se volvió demasiado político.
   C) No había suficientes fiestas de oficina que ofrecieran comida gratis.
   D) Había demasiadas restricciones impuestas en su escritura.

5. ¿Por qué Marlene renunció a su trabajo bien remunerado como periodista corporativa?
   A) Ella encontró un trabajo mejor remunerado.
   B) Ella consiguió un acuerdo de publicación para su nueva novela.
   C) Ella no renunció. Ella fue despedida.
   D) Ella quería dedicar más tiempo a escribir su novela.

English Translation

Ever since she was a teenager, Marlene knew she was destined to be a writer. Even as a child, there was this magnetic attraction that drew her into the world of books. She devoured story after story, and her parents had no trouble buying her more for her reading habit. It was an easy investment that was relatively cheap and would most definitely pay off in the near future.

Marlene's growing desire to write, however, would go unrecognized. Her parents saw her obsession with reading fiction as a sign of high intellect, so they made a joint effort to push her into focusing her time and effort into school. Soon, there wasn't as much time for Marlene to read her newest novels because she had piano and math classes to attend after school. Marlene had no objection to these extra classes, for she was told by her mother and father that she was incredibly gifted with talents that not many other kids had. It would be a shame to let all her natural abilities waste away when they could be used for good.

When Marlene entered high school, the pressure began to escalate further. She was expected to make straight A's every semester, and to make sure she was performing at her best, her mother would quiz her every day on what she learned. Marlene would have to explain what she was learning in all her classes, and when she couldn't recall important details, her mother would always smile and crack a joke. She was never straight-up mean with her daughter. Her intentions were cleverly disguised with love and a goofy character. Marlene knew, however, that it was her mother's indirect way of letting her know what she needed to study that night. She would be quizzed later that night to make sure she absolutely knew the information by the next day.

All the extra schooling and study sessions did not leave Marlene with much time for a social life. When she did have an

Fluent Spanish through Short Stories

hour or two to herself, she would rather pick up where she left off in the last book she was reading. Her father rewarded her with a few new novels with every report card she brought to him. And it would always be straight A's, as she never disappointed her parents' expectations.

Those few spare moments when she was reading seemed to pass by far too quickly. Pages would fly as she frantically raced against the clock to make as much progress as she could. There never seemed to be enough time, however.

For the hours she was reading, time did not exist. Marlene would be immersed in the world authors created. Its characters had new levels of complexity with every chapter she read. There was something about how characters presented themselves and how their actions did not align with the public image they had created. Their actions always revealed their true character, but these deeds sometimes went unnoticed. The readers, however, were put straight inside the characters' heads. In this way, authors can make readers start to care about what happens to certain people in the story. This process completely fascinated Marlene.

College would prove to push her away from her obsession. The freedom that came with living away from home was certainly welcomed, though. How she spent her time was her decision and hers alone. On campus and in the dorm rooms, Marlene had space to socialize with other students and spend time just hanging out with people her age. From party animals to young geniuses, there were all kinds of people she encountered. Business-minded entrepreneurs had very unique insights into how the world works. Promising athletes had strength and abilities she did not even know were possible. And of course, a large percentage of students she met were in the same boat as her, floating around trying to find their place in society.

Language Guru

Marlene dreamed of becoming a famous writer, but it was a dream with many risks attached. Not many writers made it big, after all. Many who pursed the dream couldn't land a deal with a big-name publisher. She heard time and time again stories of writers who spent years writing expertly crafted novels only to be turned down by everybody. These writers ended up working dead-end jobs just to pay the bills, leaving them in poverty. Because their books took so much time and effort to craft by hand, they often abandoned the idea of starting any other career.

She certainly did not want to end up stuck with a low-paying job and a book that no one wanted to read. What an awful fate that would be. And so she decided to throw all her energy into starting a legitimate career. It would have to be a career where she could write every day, and immediately the idea of becoming a journalist seemed to be the most feasible. She knew she had the academic ability to study the trade and learn how to write news articles professionally. Her intuition proved to be right. The classes were no challenge for her, and she had the discipline to pursue the right internship she needed.

By the time she had graduated with her degree in journalism, Marlene had a job lined up with a major corporation as an editor and columnist. Her transition into work life was smooth, and her parents were extremely proud of what she had achieved.

The hours were long, and the work was highly demanding. Editing news articles required careful thinking and tough decisions. Research was required as well and time-consuming overall. The volume of articles needing editing was extremely high, and Marlene had to work fast to be able to get to all of them.

When it came to writing news stories, however, there was this immediate sinking feeling in her gut. The format given to her had a high number of restrictions. The corporation required information to be presented in such a way, and there was no room for her own ideas. It was simply researching certain facts and reporting them. Essentially, it was grunt work.

To be able to write her own style, she would have to be promoted to a senior columnist, which would take up to 10 years to accomplish. The idea of doing this constricted style of writing for that long sickened her. Over time, these thoughts slowly turned into a growing anxiety that made life miserable for Marlene. As a result, she began to resort to alcohol to ease her pain.

The thought of having to wait ten years to gain the freedom to write the way she wanted was just unbearable. She would be stuck grinding away at a job that worked her to her bone. Weekdays, Marlene would come home so tired that she didn't want to do anything but have a glass of wine and watch TV until it was time for bed. And on weekends, she would be too depressed to go out and do anything.

To help her cope with her depression, she went back to reading novels, although this time, it wasn't the same. That child-like fascination she once had was no longer there. There was this awful feeling in the back of her mind that made it quite difficult to focus on the story. It was heart-breaking to start to lose interest in something she was absolutely mesmerized by as a kid. Why couldn't she go back to simpler times, when she could spend hours reading novels while dreaming about her own characters?

Marlene decided long ago that it would be just silly for her to start writing a novel, hoping it would someday become successful. But now, the idea was more exciting than it had ever been. The allure of it possibly becoming a best-seller resonated strong feelings of joy she hadn't felt in quite some time. And even if the novel wasn't highly successful, she at least had to try. If she didn't, she knew that she would be miserable and eventually bitter as she got older.

Language Guru

Working as a corporate journalist was draining all her strength and vitality she needed to pour into her life's work. The truth was clear. She would have to quit her high-paying job to free herself completely. The novel she always wanted to write would take forever to complete if she was just writing on the weekends. And even then, she would be writing while still exhausted from being over-worked during the week.

Writing would have to be every day. The long wait during the week would be too much. And so, Marlene quit her lucrative journalist position and found part-time work as a freelance editor and proofreader. It was a severe pay cut, but it was well-worth having the time and energy to work every day on her dream.

It's difficult to say if she will secure a publishing deal or not, but at this point, it no longer matters to Marlene. Peace of mind is the only guarantee.

CAPÍTULO CUATRO:
PENSANDO EN RIQUEZA

Miguel acababa de ganar su primer millón de dólares. Sus amigos y familiares no podían creerlo. Solo unos años antes, muchos de ellos habían **dudado** de que fuera a llegar a algún lugar con el **negocio** que había comenzado. Para ellos, Miguel había tomado una serie de decisiones extrañas a lo largo de su vida, y esta era solo otra de sus ideas locas. Ahora, sin embargo, ¡sus **compañeros** lo llamaban genio! ¿De qué otra forma podría haber tenido tanto éxito? Solo a los genios se les ocurren ideas que hacen tanto dinero.

Aunque, si examinamos la vida de Miguel un poco más de cerca, lo que lo hizo rico se volverá más **evidente**. Él adoptó ciertas **creencias** y ciertas maneras de pensar que, eventualmente, se convirtieron en éxito **financiero**. Son ideas y modos de pensar que cualquiera puede tener si elige enfocarse en ellos. En otras palabras, cualquiera podría lograr lo que Miguel hizo.

Desde temprana edad, Miguel comenzó con muy pocas **ventajas**. Era un estudiante mediocre, a quien no le importaba mucho la escuela. Era el **payaso de la clase**, que estaba más interesado en reírse que en sacar una **buena nota**. Durante años, los maestros y **consejeros** le **advirtieron** que, si continuaba por ese camino, tendría que enfrentar las **consecuencias** de sus acciones. Y, por supuesto, Miguel no escuchó.

Deseando que se fuera de sus aulas, todos le dieron calificaciones bajas, apenas de **aprobado**, para que no tuviera que

repetir sus clases. En su día de graduación, era como si todos sus maestros lo miraran diciendo: "Aquí está tu diploma. Ahora **vete** y no vuelvas nunca".

Miguel pasó los primeros años de su vida adulta saltando de un trabajo a otro. Trabajó en **tiendas minoristas**, restaurantes, **fábricas** e incluso como **conserje**. Todos le enseñaron cómo trabajar duro, cómo **tratar** con los clientes y cómo **comportarse** como un adulto.

Un día, mientras trabajaba como vendedor, se preguntó: "¿Por qué estoy haciendo tan pocas ventas? ¿Por qué el **líder** de nuestro equipo está haciendo cientos de ventas más que yo? ¿Qué está haciendo de manera diferente a lo que yo hago?". Estas preguntas importantes le seguían **molestando** día tras día hasta que decidió preguntarle directamente al líder de ventas. El líder le dijo que había un libro por ahí que le había cambiado la vida. Si él quería lograr más ventas, ese libro definitivamente lo ayudaría.

Intrigado por la idea de que un libro pudiera cambiar su vida, Miguel compró una copia y comenzó a leerlo de inmediato. Si bien había sido un estudiante pobre en la escuela, no era **analfabeto**. La escuela le había enseñado a leer, aunque leía a un **ritmo** lento.

Fascinado por el mensaje de **automaestría** del autor, tomó un bolígrafo y unas pocas **hojas de papel** y comenzó a tomar notas mientras leía. El autor contaba historias sobre algunas de las personas más exitosas que han vivido y explicaba aquello que las había hecho tan brillantes en su oficio. Eran historias de hombres y mujeres que **superaron** obstáculos que parecían imposibles pero que, de alguna manera, pudieron **solucionar**. En cada historia, cada persona había aprendido una importante lección en algún momento de su existencia, la cual había **alterado** por completo el **curso** de sus vidas.

Fluent Spanish through Short Stories

Cuando Miguel terminó de leer el libro estaba lleno de determinación y esperanza para el futuro. Se dio cuenta de que era totalmente responsable de sí mismo. Nadie vendría al **rescate**. Si quería cambiar su situación de vida, tenía que cambiar él mismo. Tenía que cambiar las ideas que había permitido que entraran en su cabeza. Tenía que cambiar el **significado** del tiempo, para poder cambiar su manera de pasar el tiempo. E incluso tenía que cambiar la forma en que **se alimentaba** para darle al cuerpo el **combustible** necesario para **rendir** más cada día.

En lugar de **gastar** su sueldo en **videojuegos**, alcohol y comiendo siempre fuera, Miguel comenzó a invertir dinero en sí mismo. Compró varios libros sobre el arte de vender. Su misión era descubrir las mejores tácticas de ventas que pudiera implementar de inmediato para aumentar sus **ingresos**. En el término de un año, pudo **triplicar** la cantidad de productos que vendía a los clientes y, en consecuencia, pudo triplicar sus propios ingresos.

Había aprendido que el tiempo era el **recurso** más valioso de todos. El tiempo que pasaba viendo televisión y películas no le estaba **aportando** a Miguel ningún **retorno de inversión**. El **entretenimiento a corto plazo** ya no era un uso aceptable de su tiempo. Era mucho más sabio invertirlo en algo diferente. El cambio se vio muy pronto, sus mañanas comenzaban con **audiolibros** en lugar de revisar su **teléfono inteligente**. Sus tardes eran ventanas de oportunidad para aprender nuevas habilidades, como la edición de videos y hablar en público. Y pasaba las noches relajándose, mirando programas **educativos** y escuchando podcasts. Todo lo que hacía era un paso que lo acercaba a sus objetivos.

Después de aproximadamente un año de reeducación, Miguel había acumulado un montón de **conocimientos** y un par de nuevas habilidades. Pero, ¿qué haría él con lo que había aprendido? Estaba ascendiendo rápidamente a la **cima** del equipo de ventas de su empresa; ahora sentía que era **capaz de** algo mucho más **ambicioso**.

Con todo el dinero que había ganado, Miguel decidió convertirse en **conferencista motivacional**. El año anterior, había podido comprobar cómo un mensaje de **aliento** podía cambiar la vida de alguien. Ciertamente había cambiado la suya.

Su familia había **crecido** pobre, no solo **en términos de** dinero sino también en su manera de pensar. Cada vez que las cosas no **salían bien**, sus padres **se quejaban** de su situación para **desahogar** su **ira** y su frustración. **Culpaban** a otras personas por sus problemas. El trabajo era algo que tenían que **soportar** para pasar la semana, pagar las **facturas** y apenas **sobrevivir**. Cualquier dinero extra se gastaba en **placeres** inmediatos, como comer en un restaurante o ropa costosa. Nunca **se ahorraba** dinero. Este era el modo de pensar que Miguel había **heredado** de su mamá y de su papá.

Pero ahora, él sabía mucho más. Quería mostrarle al mundo cómo pensar en riqueza. No todos quieren ser ricos, por supuesto, pero él quería enseñar cómo la forma de pensar de alguien podría hacerlo pobre o rico. Cualquiera que fuera el objetivo de una persona, él quería ayudarla a **alcanzar** su objetivo con una precisión del 100% y darle la confianza para **establecer** objetivos aún más grandes y alcanzarlos.

Su mensaje sería su propia historia. Sería la historia de un **don nadie** yendo a ninguna parte con su vida y cómo pudo transformarlo todo. Sería el **proyecto** de cómo pasar de ser un estudiante D en la escuela secundaria a ganar una fortuna a través del marketing de ventas.

Miguel usó sus habilidades recién **adquiridas** de edición de video y **oratoria** para crear un **canal de YouTube**.

Fluent Spanish through Short Stories

Desafortunadamente, fue difícil ganar **seguidores** reales en su primer año. En lugar de encontrar a quién culpar por un comienzo lento, **se propuso averiguar** qué podía hacer para que su canal de YouTube creciera. Estaba **comprometido** con una vida de **aprendizaje** constante, y tener éxito en YouTube era otra cosa que aprendería.

Para que sus videos fueran más atractivos para los **espectadores**, utilizó el poder de **títulos** y **miniaturas** atractivas. Claro, los títulos honestos y las miniaturas describen con precisión los videos, pero **atraen** poca o ninguna atención. Los buenos títulos **estimulan** a las personas. Se pueden crear **declaraciones audaces** que hagan que la gente piense: "Bueno, ahora tengo que averiguar si eso es cierto o no".

El **contenido** era el otro componente esencial que necesitaba **dominar**. Sus videos hablando a la cámara eran aburridos en comparación con lo que otros creadores de videos estaban haciendo. Tuvo que aumentar sus **valores de producción**. Miguel comenzó a filmar videos desde múltiples cámaras, y en el proceso de edición, aprendió a combinar sus **secuencias de video** con **imágen de stock** y animaciones. Cuando **juntó** esto con su **ingeniosa** personalidad, fue capaz de hacer algo realmente grandioso e **inspirador**.

En su segundo año de trabajo en YouTube, obtuvo un éxito masivo. Los videos que hacía le hablaban a la gente a un nivel **profundo**. Eran tan buenos que la gente se veía **obligada** a compartirlos en las redes sociales. Los videos estaban **generando** miles de dólares en ingresos y él estaba ganando cientos de miles de **suscriptores**.

El dinero siguió aumentando exponencialmente en ese punto. Con sus nuevos seguidores en las redes sociales, Miguel **lanzó** su propia **línea de productos** para ayudar a resolver los problemas de sus fans. Debido a sus habilidades como orador, fue invitado a hablar en grandes eventos donde ganó aún más dinero y fama. En esos eventos, conoció a un **puñado** de otros creadores que querían **colaborar** con él. Al final, siempre regresaba a casa con una larga lista de contactos que no solo eran súper creativos, sino también muy **amigables**.

Su éxito fue inevitable. Durante su tercer año en YouTube, finalmente alcanzó su meta de un millón de dólares en su **cuenta bancaria**. Miguel casi **se echó a llorar**. El antiguo payaso de la clase sin futuro había logrado hacerse rico. Su familia y amigos quedaron **atónitos**. ¿Cómo podría alguien así hacerse rico? Tenía que haber sido suerte. Si no era suerte, era porque tenía un talento natural para ser divertido. Simplemente no había otra forma en que pudieran aceptarlo.

Miguel sabía que era más que suerte y talento lo que le había permitido llegar a ese punto: había sido su verdadero potencial. La mayor recompensa, sin embargo, no era la riqueza o la fama sino la persona en la que se había convertido. En el proceso, ganó un poder que muy pocas personas en el mundo tienen. Si había algo que realmente quería, él sabía exactamente cómo conseguirlo y no permitía que nada **se interpusiera** entre él y su objetivo. Se había convertido en una **fuerza imparable**.

Fluent Spanish through Short Stories

Vocabulario

- **pensando en riqueza** --- thinking of wealth

- **dudar** --- to doubt

- **negocio** --- business

- **compañero** --- peer, companion

- **evidente** --- clear, obvious

- **creencia** --- belief

- **financiero** --- financial

- **ventaja** --- advantage

- **payaso de la clase** --- class clown

- **buena nota** --- good grade

- **consejero** --- counselor

- **advertir** --- to warn

- **consecuencia** --- consequence

- **desear** --- to wish

- **aprobado** --- passing grade

- **repetir** --- to repeat

- **vete** --- go away, get out of here

- **tienda minorista** --- retail store

- **fábrica** --- factory

- **conserje** --- janitor

Language Guru

- **tratar** --- to deal with
- **comportarse** --- to behave, to act
- **líder** --- leader
- **molestar** --- to bother
- **intrigado** --- intrigued
- **analfabeto** --- illiterate
- **ritmo** --- pace, rhythm
- **automaestría** --- self-mastery
- **hoja de papel** --- sheet of paper
- **superar** --- to overcome
- **solucionar** --- to solve, to resolve
- **alterado** --- altered
- **curso** --- course
- **rescate** --- rescue
- **significado** --- meaning
- **alimentarse** --- to eat, to feed on
- **combustible** --- fuel
- **rendir** --- to produce, to perform
- **gastar** --- to spend, to pay money for
- **videojuegos** --- video games
- **ingresos** --- income

Fluent Spanish through Short Stories

- **triplicar** --- to triple
- **recurso** --- resource
- **aportar** --- to contribute, to provide
- **retorno de inversión** --- return on investment
- **entretenimiento** --- entertainment
- **a corto plazo** --- short-term
- **audiolibro** --- audiobook
- **teléfono inteligente** --- smartphone
- **educativo** --- educational
- **conocimiento** --- knowledge
- **cima** --- top, summit
- **capaz de** --- capable of
- **ambicioso** --- ambitious
- **conferencista motivacional** --- motivational speaker
- **comprobar** --- to see, to verify
- **aliento** --- encouragement
- **crecido** --- grown-up, raised
- **en términos de** --- in terms of
- **salir bien** --- to turn out well
- **quejarse** --- to complain
- **desahogar** --- to vent

Language Guru

- **ira** --- anger
- **culpar** --- to blame
- **soportar** --- to put up with, to endure
- **factura** --- bill, invoice
- **sobrevivir** --- to survive
- **placer** --- pleasure
- **ahorrar** --- to save, to spend less
- **heredar** --- to inherit
- **alcanzar** --- to reach, to get to
- **establecer** --- to establish, to set
- **don nadie** --- a nobody
- **proyecto** --- project, plan
- **adquirir** --- to acquire
- **oratoria** --- public speaking
- **canal de YouTube** --- YouTube channel
- **seguidor** --- follower
- **proponerse** --- to set out to
- **averiguar** --- to find out
- **comprometido** --- committed
- **aprendizaje** --- learning
- **espectador** --- viewer

Fluent Spanish through Short Stories

- **título** --- title
- **miniatura** --- video thumbnail
- **atraer** --- to attract
- **estimular** --- to stimulate
- **declaracion audaz** --- bold statement
- **contenido** --- content
- **dominar** --- to master, to dominate
- **valor de producción** --- production value
- **secuencia de video** --- video footage
- **imágen de stock** --- stock image
- **juntar** --- to put together
- **ingenioso** --- witty, clever
- **inspirador** --- inspiring
- **profundo** --- deep
- **obligar** --- to compel
- **redes sociales** --- social media
- **generar** --- to generate
- **suscriptor** --- subscriber
- **lanzar** --- to launch
- **línea de productos** --- line of products
- **puñado** --- handful

Language Guru

- **colaborar** --- to collaborate

- **amigable** --- friendly

- **cuenta bancaria** --- bank account

- **echarse a llorar** --- to burst into tears

- **atónito** --- stunned, dumbfounded

- **interponerse** --- to stand in the way

- **fuerza imparable** --- unstoppable force

Preguntas de comprensión

1. ¿Qué tipo de estudiante era Miguel?
    A) Él era el estudiante de A consecutivas.
    B) Él era talentoso en las artes.
    C) Él era el matón de la escuela.
    D) Él era el mediocre y el payaso de la clase.

2. ¿En cuál de los siguientes lugares no trabajó Miguel?
    A) Escuelas
    B) Tiendas minoristas
    C) Restaurantes
    D) Fábricas

3. ¿Cómo se sintió Miguel después de leer el libro que le recomendaron?
    A) Quería escribir su propio libro.
    B) Estaba lleno de ira y asco.
    C) Se llenó de determinación y esperanza para el futuro.
    D) Se volvió alcohólico.

4. ¿Cómo hizo crecer Miguel a su canal de YouTube?
    A) Mejoró sus títulos, miniaturas y contenido de video.
    B) Contrató a un equipo de editores.
    C) Copió ideas de los canales de YouTube más exitosos.
    D) No hizo nada en particular y tuvo mucha suerte.

5. ¿Qué pasó después de que Miguel ganó su primer millón de dólares?
    A) Su auto se averió.
    B) Comenzó a llorar.
    C) Lo donó todo a la caridad.
    D) Salió de YouTube.

English Translation

Miguel had just earned his first million dollars. His friends and family were in disbelief. Just a few years prior, many of them were doubtful he was going to get anywhere with the business he had started. In their eyes, Miguel had made a series of odd choices throughout his life, and this was just another of his crazy ideas. Now, however, his peers were calling him a genius! How else could he have had this much success? Only geniuses come up with ideas that make that much money.

Although, if we examine Miguel's life a little more closely, what made him become rich will become more apparent. There were certain beliefs and mindsets he adopted that eventually grew into financial success. They are ideas and thoughts that anyone could have if they chose to focus on them. In other words, anyone could achieve what Miguel had.

Early in life, Miguel started out with very few advantages. He was a mediocre student, who didn't care much for school. He was the class clown, who was more interested in getting a laugh than getting a good grade. For years, teachers and counselors warned him that, if he continued down this path, he was going to have to face the consequences of his actions. And of course, Miguel didn't listen.

Wanting him gone from their classrooms, they all gave him low but barely passing grades just so he would not have to repeat their classes. On his graduation day, it was almost if all of his teachers gave him a look saying, "Here's your diploma. Now get out and never come back."

Miguel spent the earliest years of his adult life jumping from job to job. He worked at retail stores, restaurants, factories, and even as a janitor. They all taught him how to work hard, how to deal with customers, and how to act like an adult.

One day, while working as a salesman, he wondered, "Why am I making so few sales? Why is the leader on our team making hundreds of sales more than I am? What is he doing differently than I am?" These burning questions kept bothering him day after day until, one day, he decided to ask the sales leader directly. The leader told him that there was a book out there that changed his life. If he wanted to make more sales, that book would definitely help him.

Intrigued by the idea that a book could change his life, Miguel purchased a copy and began reading it immediately. While he was a poor student in school, he was not illiterate. School did teach him how to read, although he read at a slow pace.

Fascinated by the author's message of self-mastery, he grabbed a pen and some paper and began to take notes while reading. The author told stories about some of the most successful people who ever lived and explained what made each of them so brilliant at their craft. These were stories about men and women, who overcame obstacles that seemed impossible, but somehow and some way they were able to break through. In each story, each person learned an important life lesson somewhere during their lives that completely altered the course of their lives.

By the time Miguel had finished the book, he was filled with determination and hope for the future. He realized that he was completely responsible for himself. No one was coming to the rescue. If he wanted to change his life situation, he had to change himself. He had to change what ideas he allowed into his head. He had to change what time meant to him, so he could change how he spent his time. And he even had to change what foods he ate to give him the fuel necessary to get more done each and every day.

Instead of spending his paychecks on video games, alcohol, and eating out all the time, Miguel started investing money into himself. He bought several books on the art of selling. His mission

Language Guru

was to figure out the best tactics of sales he could immediately implement and increase his revenue. And within a year, he was able to triple the amount of products he sold to customers, and consequently, he was able to triple his own income.

He had learned that time was his most valuable resource of all. Time spent watching TV and movies was giving Miguel zero return on his investment. Short-term entertainment was no longer an acceptable use of his time. It was much wiser to invest it elsewhere. Soon, his mornings started with audiobooks instead of checking his smartphone. His afternoons were windows of opportunity to learn new skills, like video editing and public speaking. And his evenings were spent relaxing, watching educational programs and listening to podcasts. Everything he did was a step towards his goals.

After about a year of re-educating himself, Miguel had accumulated heaps of knowledge and a couple of new skills. But what would he do with what he had learned? He was quickly rising to the top of the sales team at his company; he now felt he was capable of something far more ambitious.

With all the money he had earned, Miguel decided to become a motivational speaker. The past year had proved to him how a message of encouragement could change someone's life. It certainly had changed his.

His family had grown up poor, not just in terms of money but thinking too. Whenever things did not go their way, his parents would complain about their situation to vent their anger and frustration. They blamed other people for their problems. Work was something to suffer through in order to make it through the week and pay the bills and barely get by. Any extra money was spent on immediate pleasures, like eating out at a restaurant or expensive clothing. No money was ever saved. It was this thinking Miguel had inherited from his mom and dad.

Fluent Spanish through Short Stories

But now, he knew much better. He wanted to show the world how to think rich. Not everyone wants to be rich, of course, but he wanted to teach how someone's way of thinking could make them poor or rich. Whatever a person's goal might be, he wanted to help them obtain their goal with 100% accuracy and give them the confidence to set even larger goals and achieve those.

His message would be his own story. It would be the story of how he was a nobody going nowhere in his life and how he turned it all around. It would be the blueprint from how to go from being a D student in high school to earning a fortune through sales marketing.

Miguel would use his newly acquired video editing and public speaking skills to create a YouTube channel. Unfortunately, it was slow to gain any real followers in its first year. Instead of finding things to blame for the slow start, he made it his mission to figure what he could do to grow the YouTube channel. He was committed to a life of constantly learning, and succeeding at YouTube was another thing he would learn.

To make his videos more appealing to viewers, he utilized the power of attractive titles and thumbnails. Sure, honest titles and thumbnails accurately describe videos, but they draw little to no attention. Good titles provoke people. They make bold statements. They make people think, "Well, now I gotta find out if that's true or not."

Content was the other essential component he needed to master. Videos of himself just talking into the camera were boring compared to what other video creators were making. He had to increase his production values. Miguel began filming videos from multiple cameras. And in the editing process, he learned how to combine his video footage with stock images and animations. And when he put this together with his witty personality, he was able to make something truly great and inspirational.

Language Guru

His second year doing YouTube landed him massive success. The videos he made spoke to people at a deep level. They were so good that people were compelled to share them on social media. The videos were making thousands of dollars in revenue, and he was gaining hundreds of thousands of subscribers.

The money kept exponentially increasing at that point. With his new huge social media following, Miguel launched his own line of products to help solve the problems of his fanbase. And because of his skills as a public speaker, he was invited to speak at large events where he gained even more money and fame. At these events, he met a handful of other creators, who wanted to collaborate with him. By the end, he returned home with a long list of contacts, who were not only super creative but super friendly as well.

His success was inevitable. During his third year on YouTube, he had finally reached his goal of one million dollars in his bank account. Miguel nearly broke down into tears. The former class clown with no future had managed to become wealthy. His family and friends were dumbfounded. How could someone like that become rich? It had to have been luck. If not luck, it was because he had a natural talent for being funny. There was just no other way they could accept it.

Miguel knew it was more than luck and talent that allowed him to reach this point, his true potential. The greatest reward, however, was really not the wealth or the fame but the person he had become. In the process, he gained a power that very few people in the world have. If there was something he truly wanted, he knew exactly how to get it, and he would allow nothing to get between him and his goal. He had become the unstoppable force.

CAPÍTULO CINCO:
JUEGOS MENTALES

La mayoría de las personas que practican videojuegos, lo toman como un pasatiempo informal. Juegan para relajarse y buscar entretenimiento después de un largo día o de una semana de escuela o de trabajo. Las sesiones **suelen** durar unas pocas horas. Hacen ciclos entre diferentes juegos. Y al final del día, son solo juegos.

Sin embargo, Fernando no era el típico **jugador**. Para él, el futuro era el juego. Había una **escenario** competitivo cada vez mayor para los juegos, y los **premios** acumulados aumentaban cada año. Había crecido escuchando historias de adolescentes y adultos jóvenes que ganaban miles o incluso millones de dólares en **torneos**. Ser exitoso era su sueño. La **gloria**, los premios **en efectivo** y los viajes eran demasiado **tentadores** para Fernando. Era su sueño.

Pero había una trampa. Tenía que ser el mejor. Y la competencia estaba llena de jugadores **incondicionales** cuyas vidas giraban en torno no solo a los juegos, sino a un juego en particular. Casi cualquier juego podía ser competitivo, pero había géneros particulares que atraían a un gran número de personas y, **por lo tanto**, de dinero. Estos eran **principalmente** juegos de disparos, de equipo y de estrategia.

Fernando no tenía los **reflejos** necesarios para los juegos de disparos ni contaba con las personas adecuadas para los juegos basados en equipos. Pero, naturalmente, se sentía atraído por los juegos de estrategia. Le **resultaba** fácil aprender a jugar y estaba obsesionado por aprender nuevas **técnicas** y estrategias de jugadores mejor **clasificados** que él.

Las horas pasaban volando mientras probaba nuevas ideas contra oponentes **en línea**. Cada victoria era una **prueba concreta** de que su tiempo dentro y fuera del juego era muy **gratificante**. Le **provocaba** una emoción que él no podía encontrar en ningún otro lado.

Sus habilidades no **se limitaban** a los juegos de estrategia. Era un excelente estudiante en la escuela, que daba a cada **tarea** todo lo que tenía. Para Fernando, el estudio era similar a los juegos de estrategia. Había que **almacenar** grandes cantidades de información en su cabeza, como en muchas estrategias. Las tareas eran los juegos de práctica donde él **perfeccionaba** sus habilidades. Y las **evaluaciones** eran juegos de alto nivel que determinaban cuán bueno era realmente un jugador.

Los amigos de Fernando en la escuela también eran jugadores. A la hora del almuerzo y entre clases, **se emocionaban discutiendo** los últimos juegos y los que estaban por salir. El grupo discutía sobre lo que hacía que los juegos fueran geniales y por qué otros juegos no eran tan geniales. Las conversaciones entre ellos estaban envueltas en sentimientos **mutuos** de pasión y amor por los videojuegos en general. Cada semana, el grupo elegía un **determinado** juego para **competir** juntos el sábado. **Se turnaban** las diferentes casas para **reunirse** y pasaban toda la mañana y la tarde juntos disfrutando de su pasatiempo.

Una semana, Fernando y sus amigos decidieron **ensayar** un juego de estrategia llamado "Power Box". El objetivo del juego era simple. Cada jugador recibía una caja mágica. La caja producía criaturas cada 30 segundos, que podían usarse para atacar la caja y

Fluent Spanish through Short Stories

a las criaturas de su oponente. El objetivo era **destruir** la caja del oponente antes de que él destruyera la propia.

En el **campo de juego**, había recursos que las criaturas podían recoger. Estaban **custodiados** por criaturas neutrales que podían usarse para **mejorar** la caja mágica. Cuanto más fuerte era la caja, más fuertes eran las criaturas que producía. Entonces, la estrategia del juego consistía en recolectar más recursos que el oponente para, eventualmente, poder dominarlo en una pelea directa.

Aquella semana, e incluso en la semana siguiente, el grupo quedó absolutamente hipnotizado con el juego y no podía dejarlo. Los partidos se volvían muy competitivos y el lugar donde jugaban se tornaba muy **tenso**. Ya sea que uno estuviera jugando o simplemente mirando, el juego podía atrapar toda tu atención hasta que todo terminaba.

Sin embargo, después de algunas semanas de juego, Fernando había aprendido varios **consejos y trucos** al ver competir a jugadores de alto nivel en grandes torneos. Rápidamente, había pasado a **derrotar** a sus amigos con **vergonzosas** y **aplastantes** victorias. Finalmente, se volvió tan bueno en el juego que nunca más volvería a perder un solo juego con sus amigos. Como resultado, todos menos Fernando comenzaron a perder interés en el juego. Él **se ofreció** a enseñarles estrategias a nivel profesional, pero ya era demasiado tarde. Sus amigos ya no estaban interesados.

El grupo continuó **rotando** juego tras juego, pero la obsesión de Fernando por "Power Box" seguía creciendo. Era el único juego que quería practicar. Jugaba en línea durante horas todas las noches, perfeccionando sus habilidades contra jugadores de su nivel y superiores. Soñaba todas las noches con el juego, incluso se veía compitiendo un día con jugadores de nivel superior. Había algo, en su **demoledor** camino hacia la cima, que lo **emocionaba profundamente**.

Language Guru

Las tardes en casa, luego de la escuela, las dedicaba a practicar nuevas estrategias. Los fines de semana tenía la oportunidad de leer nuevos consejos y trucos y de ver torneos **en vivo** a través de internet. Y, por supuesto, las noches eran largas debido a las extensas sesiones de juego con amigos que había conocido en internet, a través de la comunidad en línea.

Este **entrenamiento** inmediatamente comenzó a **afectar** su vida en el mundo real. **Entregaba** las tareas tarde o incluso incompletas. Los **puntajes** de las pruebas ya no eran tan importantes para él, por lo que comenzaron a bajar. Y debido a todas las sesiones de práctica nocturna, comenzó a quedarse dormido en clase.

Fernando comenzó a ganar fama y **estatus** entre los jugadores en línea. Podía recordar y **aplicar** casi todo lo que aprendía viendo y leyendo. Su mente era una enciclopedia sobre cómo jugar a nivel profesional. Al **mezclar** y combinar estrategias utilizadas por diferentes jugadores profesionales, fue capaz de crear su propio estilo de juego, que era altamente **refinado** e inteligente. Sus victorias en torneos en línea fueron suficientes para ganar un lugar en un evento por invitación. Para Fernando era la oportunidad de su vida. Para tener alguna posibilidad de ganar, tendría que dedicar todo su tiempo y esfuerzo a entrenarse para el evento.

Fernando también había perdido contacto con sus amigos. Cada momento, mientras estaba despierto, se preparaba para el torneo por invitación, por lo que no tenía tiempo para **pasar el rato** con sus amigos después de la escuela o los fines de semana. Sus amigos pensaban que se estaba tomando el juego demasiado en serio y comenzaron a **excluirlo** del grupo. El **aislamiento**, sin embargo, solo lo estimuló y le dio la motivación para asistir al evento.

Fluent Spanish through Short Stories

Después de meses de entrenamiento duro, el día finalmente había llegado. Los mejores jugadores se reunieron en línea para tener la oportunidad del gran premio. Las **apuestas** eran altas. Solo una persona se iría con el dinero del premio y sería el mejor jugador entre todos los mejores jugadores.

A pesar de estar muy nervioso, Fernando hizo sorprendentemente bien la primera **ronda**. Pudo poner toda su atención y concentración en **espiar** continuamente a su oponente y preparar su **contraataque**. Su oponente **sufrió** grandes pérdidas después de una temprana emboscada de Fernando y, como resultado, jugó de manera extremadamente conservadora con temor a correr riesgos. Esto permitió a Fernando controlar el campo de juego fácilmente, reunir más recursos y construir un **ejército** mucho más fuerte para ganar el juego al final.

Con su primer gran torneo en su haber, su confianza se disparó y todo comenzó a **volcarse** a su favor.

Sin embargo, las siguientes rondas no fueron fáciles. Los oponentes estaban mucho más cerca que en el primer partido, pero a medida que **avanzaban** los juegos, aprendió que podía manejar la **presión** mejor que la mayoría de los jugadores. De hecho, **prosperó** con eso. Todos los jugadores cometían errores, pero a Fernando los errores no lo **perturbaban** tanto.

La mentalidad es de suma importancia en un partido de ese **calibre**. Y su mentalidad era la siguiente: los jugadores de este nivel sabían todo acerca de las estrategias potenciales que podían usarse en el juego; pero no todos los jugadores podían realizarlas tan bien como los mejores, especialmente bajo presión. Si Fernando podía **ejercer** presión en los momentos correctos, sus oponentes estaban obligados a cometer errores. Su objetivo era capitalizar esos errores tanto como fuera posible y asegurarse una ventaja. Con esta mentalidad, pudo obtener victoria tras victoria.

Language Guru

¡Antes de darse cuenta, Fernando había llegado a la ronda de semifinales! Incluso él estaba asombrado de haber llegado tan lejos en su primer gran torneo. Todo su arduo trabajo había valido la pena. Sabía cómo jugar a nivel profesional y podía **desempeñarse** muy bien bajo grandes cantidades de **estrés**. El próximo partido, sin embargo, sería una verdadera prueba de sus habilidades. Sería contra Johnathan Powell, el jugador clasificado como #1 en el mundo.

Y falló esa prueba. Tristemente. El partido fue un **reventón** completo. Johnathan simplemente no cometió ningún error en absoluto. Fernando fue quien cometió todos los errores. Todos los contraataques que Fernando preparaba eran esperados y arrojados de regreso a su cara. Nunca había jugado contra alguien que lo hiciera tan perfectamente. No había ninguna ventaja que pudiera tomar y todo había terminado después de solo cinco minutos.

Después del juego, Fernando puso sus manos sobre su cabeza con pura **incredulidad**. ¿Cómo **demonios** podría competir con ESO? Tenía una probabilidad del cero por ciento, incluso con una duración de 10 minutos frente a eso. ¿Cómo era posible jugar tan rápido? Él había visto videos de Johnathan, pero jugar contra él fue una **pesadilla** absoluta.

Esa noche, Fernando se tiró en su cama, **reflexionando** sobre el viaje que lo había llevado a ese punto. Había invertido cientos de horas en el juego y había llegado a las semifinales de un gran torneo. ¿Pero cuánto le había **costado**? Sus calificaciones cayeron a D en la mayoría de sus clases e incluso estaba reprobando algunas materias. No había tenido tiempo para sus amigos, por lo que habían dejado de invitarlo a pasar el rato juntos. Y debido a que pasaba el tiempo frente a su computadora en su habitación todo el día, su familia estaba extremadamente preocupada por él.

El próximo gran torneo era dentro de dos meses. Debido a su puesto número 4, había atraído la atención de jugadores de todo el

Fluent Spanish through Short Stories

mundo. Incluso había ganado algunos **fanáticos**, que estaban **desesperados** por saber cómo se había vuelto tan bueno a pesar de ser tan joven. Y, por supuesto, lo apoyarían como jugador no favorito.

Sin embargo, competir con jugadores como Johnathan no requeriría cientos de horas de práctica, sino miles de horas. Tendría que **sacrificar** todo para mejorar su estilo de juego. Por primera vez, Fernando sintió lo fácil que podía **arruinar** su vida con tal decisión. Y a la edad de 17 años, no valía la pena. Decidió terminar su carrera como jugador tan pronto como había comenzado. Pero Fernando no veía esta parte de su vida como un **fracaso**.

Las lecciones que había adquirido en el camino fueron las más valiosas.

La estrategia, en esencia, se reduce a la evaluación de riesgos. Todos los movimientos en un juego tienen un elemento de riesgo. Ganar no se logra tomando grandes riesgos, sino tomando los riesgos más bajos que ofrecían las mayores recompensas.

Language Guru

Vocabulario

- **juegos mentales** --- mind games

- **soler** --- to tend to

- **jugador** --- gamer

- **escenario** --- scene, stage

- **premio** --- prize

- **torneo** --- tournament

- **gloria** --- glory

- **en efectivo** --- in cash

- **tentador** --- tempting

- **incondicional** --- hardcore

- **principalmente** --- mainly

- **reflejo** --- reflex

- **resultar** --- to find, to turn out to be

- **técnicas** --- techniques

- **clasificar** --- to rank

- **en línea** --- online

- **prueba concreta** --- concrete proof

- **gratificante** --- rewarding

- **provocar** --- to cause, to provoke

- **limitarse** --- to limit oneself to

Fluent Spanish through Short Stories

- **tarea** --- school assignment
- **almacenar** --- to store
- **perfeccionar** --- to hone, to perfect
- **evaluacion** --- exam
- **emocionarse** --- to get excited
- **discutir** --- to discuss
- **mutuo** --- mutual
- **determinado** --- certain
- **competir** --- to compete
- **turnarse** --- to take turns
- **reunirse** --- to get together
- **ensayar** --- to try out
- **destruir** --- to destroy
- **campo de juego** --- playing field
- **custodiar** --- to guard
- **mejorar** --- to upgrade, to improve
- **tenso** --- tense
- **consejos y trucos** --- tips and tricks
- **derrotar** --- to defeat
- **vergonzoso** --- embarrassing
- **aplastante** --- landslide, crushing

Language Guru

- **ofrecerse** --- to offer
- **rotar** --- to rotate
- **demoledor** --- destructive, overwhelming
- **emocionar profundamente** --- to move deeply
- **en vivo** --- live (broadcast)
- **entrenamiento** --- training
- **afectar** --- to affect
- **entregar** --- to turn in
- **puntaje** --- score
- **estatus** --- status
- **aplicar** --- to apply
- **mezclar** --- to mix
- **refinado** --- refined
- **pasar el rato** --- to hang out
- **excluir** --- to exclude
- **aislamiento** --- isolation
- **apuesta** --- bet
- **ronda** --- round
- **espiar** --- to spy on
- **contraataque** --- counter(attack)
- **sufrir** --- to suffer

Fluent Spanish through Short Stories

- **ejército** --- army
- **volcarse** --- to tip over
- **avanzar** --- to progress, to move forward
- **presión** --- pressure
- **prosperar** --- to thrive, to prosper
- **perturbar** --- to disrupt, to disturb
- **calibre** --- caliber
- **ejercer** --- to exert
- **desempeñarse** --- to perform
- **estrés** --- stress
- **reventón** --- blowout (sports)
- **incredulidad** --- disbelief
- **demonios** --- the hell (used to emphasize)
- **pesadilla** --- nightmare
- **reflexionar** --- to reflect on
- **costar** --- to cost
- **fanático** --- fan, supporter
- **desesperado** --- desperate
- **sacrificar** --- to sacrifice
- **arruinar** --- to ruin
- **fracaso** --- failure

Language Guru

Preguntas de comprensión

1. ¿Hacia qué tipo de juegos se sentía atraído Fernando?
    A) Juegos de disparos.
    B) Juegos en equipo.
    C) Juegos de estrategia.
    D) Juegos de lucha.

2. ¿Qué es una victoria aplastante?
    A) Una victoria después de un partido muy cerrado.
    B) Una victoria en la gran final de un torneo.
    C) Una victoria donde un lado destruye completamente al otro.
    D) Una victoria de un lado que es completamente inesperada.

3. ¿Cómo creó Fernando su propio estilo de juego?
    A) Él tenía una intuición natural sobre cómo enfrentar el juego.
    B) Él era una persona súper inteligente y superdotada.
    C) Él improvisó todo.
    D) Él combinó estrategias combinadas de jugadores de alto nivel.

4. ¿Cómo manejaba Fernando la presión durante los juegos de alto nivel?
    A) Él se resquebrajaba bajo presión y cometía muchos errores.
    B) Él tenía ataques de pánico durante los juegos.
    C) Él logró superar la presión.
    D) Él se desempeñó tan bien como cualquier otro jugador.

Fluent Spanish through Short Stories

5. ¿Cuál de las siguientes es la mejor estrategia para ganar?
   A) Movimientos de alto riesgo con recompensas potencialmente altas.
   B) Movimientos de alto riesgo con recompensas potencialmente bajas.
   C) Movimientos de bajo riesgo con recompensas potencialmente altas.
   D) Movimientos de bajo riesgo con recompensas potencialmente bajas.

English Translation

When most people play video games, it's as a casual hobby. They play to relax and seek entertainment after a long day or week of school or work. Sessions typically last just a few hours. They cycle between different games. And at the end of the day, they are just games.

Fernando was not your typical gamer, however. To him, the future was gaming. There was a growing competitive scene for games, and the prize pools were getting larger every year. He grew up hearing stories of teenagers and young adults walking away from tournaments with thousands or even millions of dollars. To make it big was the dream. The glory, the cash prizes, and the journey were all too tempting to Fernando. It was his dream.

But there was a catch. You had to be the best. And the competition was filled with hardcore players whose whole lives revolved around not just gaming but usually one game in particular. Almost any game can be competitive, but there were particular genres that attracted high numbers of people and therefore money. These were mostly shooters, team-based, and strategy games.

Fernando did not have the reflexes required for shooting games, nor did he have the right team for team-based games. But he was naturally drawn towards strategy games. He found them easy to learn how to play, and he was obsessed with learning new techniques and strategies from players ranked higher than himself. Hours would fly by as he tested new ideas against online opponents. Each victory was concrete proof that his time in and out of the game was highly rewarding. It brought him a thrill he could not get anywhere else.

His skills were not limited to strategy games. He was an excellent student at school, who gave every assignment everything

Fluent Spanish through Short Stories

he had. To Fernando, it was similar to learning how to play a strategy game. Large amounts of information had to be stored in his head, like lots of strategies. Homework was the practice games where he honed his skills. And tests were high-level games that determined how good a player you actually were.

Fernando's friends at school were also gamers. At lunchtime and between classes, they would get excited discussing the latest and upcoming games. The group argued about what made games great and other games not so great. Conversations between them were wrapped in mutual feelings of passion and love for video games in general. Each week, the group picked one specific game to play together on Saturday. They would take turns meeting at each other's' houses, where they spent all morning and afternoon bonding together while enjoying their pastime.

One week, Fernando and his friends decided to play a strategy game called "Power Box". The goal of the game was simple. Each player is given a magical box. The box produces creatures every 30 seconds that can be used to attack your opponent's box and creatures. The objective is to destroy the opponent's box before they destroy yours.

On the playing field, there are resources your creatures can pick up. They are guarded by neutral creatures that can be used to upgrade your magic box. The stronger the box, the stronger the creatures it produces. So the strategy of the game lies in collecting more resources than your opponent so that you can eventually overpower them in a direct fight.

For that week and even the following week, the group was absolutely mesmerized by the game, and they couldn't put it down. Matches would become very competitive, and the room would get super tense. Whether you were playing or just spectating, the game could hold every last bit of your attention until everything was all over.

Language Guru

After a few weeks of play, however, Fernando had learned several tips and tricks by watching top-level players compete at big tournaments. Soon enough, he was crushing his friends in embarrassing landslide victories. Eventually, he became so good at the game that he would never lose a single game to his friends ever again. As a result, everybody but Fernando started to lose interest in the game. He offered to teach them pro-level strategies, but it was too late. They had moved on.

The group continued to rotate game after game, but Fernando's obsession over "Power Box" only kept growing. It was the only game he wanted to play. He played online for hours every night, honing his skills against players at his level and higher. He dreamed every night about the game, even about one day competing with the top-level players. There was something about grinding his way to the top that excited something deep within him.

Afternoons home from school were dedicated to practicing new strategies. Weekends were opportunities to read up on new tips and tricks and to watch tournaments streamed live through the internet. And of course, nights were long due to extended play sessions with friends he met online through the online community.

This training immediately started to take a toll on his life in the real world. His homework assignments were turned in late or even incomplete. Test scores were no longer as important to him, so they started to drop. And due to all night practice sessions, he began to fall asleep in class.

Fernando started to gain fame and status among players online. He could remember and apply almost everything he learned watching and reading. His mind was an encyclopedia on how to play the game at the professional level. By mixing and matching strategies used by different professional players, he was able to create his own unique play style, which was highly refined

Fluent Spanish through Short Stories

and smart. His victories in online tournaments were enough to earn him a spot at an invitational event. It was the opportunity of a lifetime to Fernando. To stand any chance of winning, he would have to sink all his time and effort into training for the event.

Fernando was also losing touch with his friends. Every last waking moment went into preparing for the invitational tournament, so there was no time to hang out after school or on weekends. His friends thought he was taking the game too seriously, and they began to ostracize him from the group. The isolation, however, only spurred him on and gave him the motivation to go all in for the event.

After months of hardcore training, the day had finally arrived. The best players of the game gathered online for a chance at the grand prize. The stakes were high. Only one person would walk away with the prize money, and it was going to be the top player of all the top players.

Despite being a nervous wreck, Fernando did surprisingly well the first round. He was able to put his full attention and focus on continually spying on his opponent and preparing his counter. His opponent suffered big losses after an early ambush by Fernando, and as a result, he played extremely conservatively while being afraid to take any risks. This allowed Fernando to control the playing field easily, gather more resources, and build a much stronger army to win the game in the end.

With his first major tournament match under his belt, his confidence soared and momentum started to build in his favor. The next rounds were by no means easy, however. They were much closer than the first match, but as the games progressed, he learned that he could handle the pressure better than most players. In fact, he thrived on it. All players made mistakes, but Fernando's mistakes didn't faze him all that much.

Language Guru

Mindset was of the utmost importance in a match this caliber. And his mindset was as follows. Players at this level knew all about all the potential strategies that could be used in the game. But not all players can perform them as well as the top players, especially under pressure. If Fernando could apply pressure at the right times, his opponents were bound to make mistakes. His goal was to capitalize on those mistakes as much as possible and secure an advantage. With this mindset, he was able to gain victory after victory.

Before he knew it, Fernando had arrived at the semi-final round! Even he was amazed he had made it this far in his first major tournament. All his hard work had paid off. He knew how to play at the professional level, and he could perform very well under large amounts of stress. The next match, however, would be a true test of his abilities. It would be against Johnathan Powell, the player ranked #1 in the world.

And he failed that test. Miserably. The match was a complete blowout. Johnathan simply did not make any mistakes whatsoever. Fernando was the one making all the mistakes. Every counter Fernando prepared was expected and thrown back in his face. He had never played against someone who played so perfectly. There was no advantage he could secure, and it was all over after just five minutes.

After the game, Fernando put his hands on his head out of sheer disbelief. How on Earth could he ever compete with THAT? He had a zero percent chance even lasting 10 minutes versus that. How was it even possible to play that fast? He had watched videos of Johnathan play, but to play against him was an absolute nightmare.

That night, Fernando lay in his bed, reflecting on the journey that led him to this point. He invested hundreds of hours into the game and had made it to the semi-finals of a major tournament.

Fluent Spanish through Short Stories

What did it cost him though? His grades dropped to D's in most of his classes, and he was even failing a few. He had made no time for his friends, so they stopped inviting him to hang out together. And because he was in front of his computer in his room all day, his family was extremely worried about him.

The next major tournament was two months from now. Because of his #4 place finish, he had earned worldwide attention from players around the globe. He had even gained a few fans, who were desperate to know how he got so good despite being so young. And of course, they would be rooting for him as the underdog.

To compete with players like Johnathan, however, it would not take hundreds of hours of practice but thousands of hours. He would have to sacrifice everything to improve upon his play style. For the first time, Fernando felt how easily he could ruin his life with such a decision. And at the ripe age of 17, it was not worth it at all. He decided to end his gaming career as soon as it had started.

To Fernando, he did not see this part of his life as a failure. The lessons he had acquired along the way were the most valuable.

Strategy, at its core, boiled down to risk assessment. All moves in a game have an element of risk. Winning was done not by taking big risks but by taking the lowest risks that offered the highest rewards.

CAPÍTULO SEIS:
EL MITO DEL TALENTO

Camila se sentía perdida con la pregunta de qué hacer con su vida. Ella era joven, hermosa y **soltera**, pero eso no le ayudaba mucho para aliviar sus problemas. Al haber nacido en una familia con **abuso de drogas y alcohol**, su **infancia** había estado **plagada** de un profundo dolor emocional.

Su madre era bastante abusiva debido a su propio historial de abuso por parte de sus padres. Tenía una **discapacidad permanente** debido a una **lesión** en la espalda que había sufrido muchos años atrás. Con gran cantidad de tiempo libre, llenaba sus días de **borracheras** y abuso verbal sobre Camila y sus hermanos pequeños. Camila aprendió rápidamente a **evitar** confrontaciones con su madre a toda costa, especialmente cuando estaba bebiendo.

Su padre también podía sentirse provocado fácilmente. Afortunadamente, tenía un trabajo **estable** y podía proporcionar a la familia un lugar **digno** para vivir. Siempre volvía a casa exhausto y **estresado** y la madre de Camila siempre se aprovechaba de esto. Peleaba con él sobre las cosas más triviales y lo **insultaba** sin parar. Eventualmente, él perdía el control y **se producían** intensos gritos que, en ocasiones, se tornaban violentos.

Poco después de que Camila cumpliera 11 años, su padre la abandonó a ella y a la familia, para nunca más volver. Ahora no había ningún obstáculo entre ella, sus hermanos menores y su madre abusiva. Si ella evitaba a su madre, eso significaba que los más jóvenes se convertirían en sus objetivos. Resolvió que no podía permitir que eso sucediera.

Debido a la problemática vida en su hogar, con frecuencia Camila tenía problemas en la escuela. Había aprendido a evitar la confrontación cuando era niña, por lo que nunca se molestaba en levantar la mano para hacer o responder preguntas. Si nunca lo intentaba, nunca fallaría, pensaba. De todos modos, estar temporalmente libre de su madre era suficientemente bueno. Además, tenía muchos amigos que eran mucho más amables con ella que su madre.

Camila se hizo amiga de un pequeño grupo de estudiantes, quienes la ayudaban a **mantenerse** positiva. La ayudaban con su trabajo escolar y la **alentaban** a seguir intentándolo. Su círculo de amigos siempre hacía bromas, reír hacía que la vida fuera más fácil, incluso en los días más difíciles. Algunas de las chicas eran realmente ambiciosas y hablaban sobre ir a la universidad para aprender cómo hacer cosas geniales en el mundo. La vida en general parecía con mucho más brillo y más esperanzadora estando cerca de sus amigos.

La madre de Camila se hizo cada vez más difícil de tratar. No satisfecha con ser alcohólica, había recurrido a los **opiáceos** para hacer frente a la realidad. Por suerte, era muy **pasiva** mientras estaba bajo la influencia de los opiáceos y no causaba ningún problema en la casa. Sin embargo, cuando se le acababa la **receta**, los **síntomas de abstinencia** la hacían bastante agresiva y violenta. Camila absorbía todos los efectos del **daño**, ya que no podía soportar la idea de que sus hermanos sufrieran.

Algunas noches, Camila no podía proteger a sus hermanos de lo que estaba sucediendo. Su madre tuvo algunos incidentes por **sobredosis** de opiáceos. Camila no tuvo más **remedio** que llamar

Language Guru

una ambulancia. La mayoría de las veces, era Camila quien **cuidaba** a la familia.

Cuando cumplió 18 años, tomó la decisión de **mudarse** para siempre. Si iba a hacer algo en su vida, necesitaba el espacio y la libertad para comenzar. Sus hermanos ahora tenían la edad suficiente para cuidar a su madre y protegerse cuando fuera necesario.

Para pagar el **alquiler**, tomó trabajo como **camarera** en una **cafetería** local. Camila trabajó duro dando al trabajo todo lo que tenía. Después de todo, no tenía a nadie a quien recurrir si no podía pagar las cuentas. Fue promovida rápidamente a un puesto de **gerente** después de solo un año.

Sin embargo, había un trabajo en la cafetería que no podía hacer. El local estaba **ubicado** en el centro de la ciudad, el cual también **albergaba** muchos negocios internacionales. Personas de países de todo el mundo visitaban la cafetería y casi no hablaban español en absoluto. Los **empresarios** podían ordenar lo que querían, pero no podían entender nada de lo que los camareros les decían.

Como camarera, el trabajo de Camila era **confortar** a cada cliente y hacerlo sentir como en casa. Pero ella no podía hacer eso en inglés. Y así, la inspiración para aprender inglés **echó raíces**.

En su tiempo libre, usaba **aplicaciones** de aprendizaje de idiomas y escuchaba lecciones de audio durante varias horas cada semana. Camila estaba progresando rápidamente y se sorprendió de lo fácil que era aprender frases y un vocabulario simple. Casi de inmediato, comenzó a usar lo que aprendía con sus clientes en el trabajo. Su inglés fue recibido con alegría y caras de sorpresa.

Aunque cuando sus clientes le respondían en inglés, era ella la que no podía entender. Muchas conversaciones repetían este mismo **patrón** y después de un tiempo se hizo evidente. Si bien ella sabía muchas frases y palabras, no podía tener una conversación real en inglés.

Dedicó más y más tiempo a aprender tanto inglés como podía. Compró libros de **gramática** y memorizaba listas de vocabulario. Escuchaba programas de radio en inglés mientras estaba en casa. Incluso **se acostumbró** a hacer tarjetas en su teléfono inteligente y revisarlas durante unos minutos todos los días.

Su ritmo de progreso era **decepcionantemente** lento. Camila olvidaba las palabras. Había cientos de cosas que no sabía cómo decir y tenía poca idea de lo que los clientes le decían.

Un día se encontró con Lucía, una amiga de la escuela, con quien no había hablado en mucho tiempo. Lucía era una estudiante de segundo año en la universidad y planeaba obtener su título en **química**. Ella **mencionó** que también estaba tomando clases de francés, lo que inmediatamente llamó la atención de Camila. Ambas tenían un pasatiempo en **común**, del que estaban interesadas en seguir aprendiendo, por lo que Lucía sugirió que ambas fueran a un **intercambio de idiomas** local en una cafetería del **centro**.

El evento tuvo lugar un domingo por la tarde. Y para cuando llegaron Camila y Lucía, había casi cien personas sentadas y conversando entre ellas. ¡Las chicas escuchaban una variedad de idiomas, incluyendo inglés, francés, **alemán**, italiano e incluso **coreano**! Después de registrarse en la puerta, se separaron para unirse a los grupos de idiomas que les interesaban. Camila encontró no solo uno sino varios **hablantes nativos** de inglés para conversar. En cada conversación, aprendía nuevas palabras y las escribía en el cuaderno que traía. La comunicación era extremadamente lenta, pero sentía que estaba **dando los pasos** necesarios para hablar con **fluidez**.

Language Guru

Un **caballero** con el que habló era Gabriel. Él era de **Inglaterra** y había venido al intercambio de idiomas para practicar español. **Al igual que** Camila, también había tenido una infancia difícil. Se había **escapado** de su casa a los 16 años y había comenzado a trabajar para mantenerse. También quería viajar un poco por el mundo, por lo que había terminado **emigrando** a España y a Francia para ver qué podía encontrar allí. Mientras viajaba por Europa, tuvo varios trabajos mientras aprendía español, francés e incluso alemán.

Después de que el evento de intercambio de idiomas llegó a su fin de manera oficial, Camila encontró a Lucía y a Gabriel conversando fuera del **recinto**. ¡Y era en francés! ¡Y él hablaba bella y fluidamente! ¿Cómo podía alguien que había abandonado la escuela aprender tantos idiomas **extranjeros**? ¿Qué estaba haciendo él diferente a ella?

Decidió acercarse y preguntarle directamente. Gabriel le comentó que, aunque mudarse a un determinado país ciertamente ayudó, no fue el factor decisivo. Él conocía a muchos trabajadores inmigrantes en España y Francia, que solo podían hablar su **lengua materna**. Lo que más importaba era lo que uno hacía en su tiempo libre. Gabriel pasaba la **abrumadora** mayoría de su tiempo leyendo todo lo que podía en español, francés y alemán. Ocasionalmente, salía con amigos y socializaba, pero la gran mayoría de su tiempo lo pasaba leyendo y escuchando idiomas extranjeros. Era la única forma en que él podía entender todas las diferentes palabras que usaban los hablantes nativos. Estudiar no lo había llevado a ninguna parte.

Mientras **se dirigían** a casa, Camila y Lucía discutieron lo que Gabriel les había dicho. Ambas acordaron que sus habilidades lingüísticas eran nada menos que **impresionantes**. Sin embargo, Lucía no estaba de acuerdo con Gabriel. Como estudiante universitaria que trabajaba a tiempo parcial, no había forma de que ella pudiera dedicar tanto tiempo cada día al aprendizaje. Camila, por su lado, reflexionó profundamente sobre sus palabras. Quería desesperadamente hablar con fluidez como Gabriel, pero en un solo idioma extranjero. La idea la **excitaba** más que cualquier otra cosa en su vida. Si él podía hacerlo, ella también. No estaba segura exactamente de cómo comenzar, pero sabía que el momento de comenzar era ahora.

Vocabulario

- **el mito del talento** --- the myth of talent
- **soltera** --- single woman
- **abuso de droga y alcohol** --- drug and alcohol abuse
- **infancia** --- childhood
- **plagar** --- to plague
- **discapacidad permanente** --- permanent disability
- **lesión** --- injury
- **borrachera** --- drunkenness
- **evitar** --- to avoid
- **estable** --- stable
- **digno** --- decent
- **estresado** --- stressed
- **insultar** --- to insult
- **producirse** --- to take place, to occur
- **mantenerse** --- to stay, to support oneself
- **alentar** --- to encourage
- **opiáceo** --- opiate
- **pasiva** --- passive
- **receta** --- perscription
- **síntoma de abstinencia** --- withdrawal symptom

- **daño** --- damage

- **sobredosis** --- overdose

- **remedio** --- choice, remedy

- **cuidar** --- to take care of

- **mudarse** --- to move, to move out

- **alquiler** --- rent

- **camarera** --- barista, waitress

- **cafetería** --- coffee shop

- **gerente** --- manager

- **ubicado** --- located

- **albergar** --- to house

- **empresario** --- businessman

- **confortar** --- to comfort

- **echar raíces** --- to take root

- **aplicacion** --- app

- **patrón** --- pattern

- **gramática** --- grammar

- **acostumbrarse** --- to get used to

- **decepcionantemente** --- disappointingly

- **química** --- chemistry

- **mencionar** --- to mention

Language Guru

- **francés** --- French

- **común** --- common

- **intercambio de idiomas** --- language exchange

- **centro** --- downtown

- **alemán** --- German

- **coreano** --- Korean

- **hablante nativo** --- native speaker

- **dar pasos** --- to take steps

- **fluidez** --- fluency

- **caballero** --- gentleman

- **Inglaterra** --- England

- **al igual que** --- just like

- **escapar** --- to run away

- **emigrar** --- to emigrate

- **recinto** --- venue

- **extranjero** --- foreign

- **lengua materna** --- mother tongue

- **abrumador** --- overwhelming

- **dirigirse** --- to head towards

- **impresionante** --- impressive

- **excitar** --- to excite

Preguntas de comprensión

1. ¿En qué tipo de familia nació Camila?
    A) Una llena de abuso de drogas y alcohol
    B) Una con obsesión por los deportes y las noticias deportivas
    C) Una con libros y comprometida con el aprendizaje
    D) Una que era particularmente rica y próspera

2. Los amigos de Camila en la escuela hicieron muchas cosas por ella, pero no...
    A) fueron una influencia positiva en su vida.
    B) la hacían reír con sus chistes.
    C) la ayudaban con su trabajo escolar.
    D) le enseñaban a hacer trampa en sus exámenes.

3. ¿Cómo comenzó Camila a aprender inglés?
    A) Ella viajó a los Estados Unidos.
    B) Ella tomó cursos en su universidad local.
    C) Ella hizo que sus clientes en la cafetería le enseñaran inglés.
    D) Ella usaba aplicaciones y escuchaba lecciones de audio.

4. ¿Qué hace usted normalmente en un intercambio de idiomas?
    A) Usted y un compañero practican hablar en idiomas extranjeros.
    B) Usted aprende sobre varios idiomas en un aula.
    C) Usted viaja por el mundo y escucha idiomas extranjeros.
    D) Usted cambia su idioma nativo por uno nuevo.

Language Guru

5. ¿Cómo llegó Gabriel a ser tan bueno en tantos idiomas?
   A) Él viajó a múltiples países.
   B) Él pasaba todo su tiempo libre leyendo y escuchando idiomas extranjeros
   C) Él tenía un talento natural para los idiomas.
   D) Él utilizaba muchas aplicaciones y diferentes sistemas de repetición.

English Translation

Camila was lost with the question of what to do with her life. She was young, beautiful, and single, but that did little to alleviate her problems. Having been born into a family with drug and alcohol abuse, her childhood was littered with deep emotional pain.

Her mother was quite abusive with her own history of abuse from her parents. She was on permanent disability due to a back injury she suffered many years prior. With an abundance of leisure time on her hands, she filled her days with binge drinking and verbally abusing Camila and her little brothers every opportunity she had. Camila quickly learned to avoid confrontations with her mother at all costs, especially when she was drinking.

Her father could be easily provoked as well. Luckily, he had a stable job and was able to provide the family with a decent place to live. He would always come home exhausted and stressed out, and Camila's mom regularly took advantage of this. She picked fights with him about the most trivial things and insulted him to no end. Eventually, he would snap, and intense yelling and shouting matches ensued, occasionally turning violent.

Shortly after Camila turned 11, her father walked out on her and the family, never to come back. Now there was nothing between her and her younger brothers and their abusive mother. If she avoided her mother, it meant the younger ones would become her targets. She resolved that she could not let that happen.

Because of her troubled home life, Camila struggled frequently at school. She had learned to avoid confrontation as a child, so she never bothered to raise her hand to ask or answer questions. If she never tried, she would never fail, she figured. Being temporarily free from her mother was good enough anyways. And she had plenty of friends, who were much nicer to her.

Language Guru

Camila made friends with a small group of students, who helped her stay positive. They helped her with her schoolwork and encouraged her to keep trying. Her circle of friends was always cracking jokes, making it easier to laugh even on the toughest of days. Some of the girls were really ambitious and would talk about going on to college to learn how to do cool things in the world. Life in general seemed much brighter and hopeful being around them.

Camila's mom became increasingly harder and harder to deal with. Not quite satisfied being just an alcoholic, she turned to opioids to cope with reality. Fortunately, she was very passive while under the influence of opioids and didn't cause any trouble around the house. When she ran out of her prescription, however, the withdrawal symptoms made her quite aggressive and violent. Camila took the full force of the damage, as she couldn't bear the thought of her brothers suffering instead.

Some nights, Camila could not shelter her brothers from what was happening. Their mother had a few close calls from overdosing on opioids. Camila had no choice but to call for an ambulance. More often than not, it was Camila who was taking care of the family.

When she turned 18, she came to the decision to move out for good. If she was going to do anything her life, she needed the space and freedom to start. Her brothers were now old enough to take care of their mother and protect themselves when necessary.

To pay the rent, she took a job as a barista at a local coffee shop. Camila worked hard to give the job everything she had. After all, she had nobody to turn to if she couldn't pay the bills. She was quickly promoted to a manager position after just a year.

There was one job at the shop she could not do however. The store was located in the downtown area that was also home to many international businesses. People from countries all over the world visited the coffee shop. And they spoke almost no Spanish at

Fluent Spanish through Short Stories

all. The businessmen were able to order what they wanted but couldn't understand anything the baristas spoke to them.

As a barista, it was Camila's job to comfort each customer and make them feel at home. But she couldn't do that in Spanish. And so the inspiration to learn English took root.

In her free time, she used language learning apps and listened to audio lessons for several hours each week. Camila was making fast progress and was amazed at how easy it was pick up simple phrases and vocabulary. Almost immediately, she started using what she learned with her customers at work. Her English was met with glee and surprised faces.

Although when her customers spoke back to her in English, she was now the one who couldn't understand. Many conversations repeated this same pattern, and after a while, it became clear. While she knew many phrases and words, she couldn't have a real conversation in English.

She poured more and more time into learning as much English as she could. She bought grammar books. She memorized vocabulary lists. She listened to English radio programs while she was at home. She even got into the habit of making flashcards on her smartphone and reviewing them for a few minutes every day.

Her rate of progress was disappointingly slow. Camila would forget words. There were hundreds of things she didn't know how to say. And she had little idea of what customers were saying back to her.

One day, she was catching up with her friend Lucía from school, whom she hadn't heard from in a long time. Lucía was a sophomore at college and planning to get her degree in chemistry. She mentioned that she was also taking French classes on the side, which immediately caught Camila's attention. They both had a hobby they were interested in learning more about, so Lucía

Language Guru

suggested they both go to a local language exchange at a coffee shop downtown.

The event took place on a Sunday afternoon. And by the time Camila and Lucía arrived, there were nearly a hundred people sitting down and chatting with one another. The girls heard a variety of languages, including English, French, German, Italian and even Korean! After signing up at the door, they split up to join the language groups they were interested in. Camila found not just one but multiple native English speakers to converse with. In each conversation, she picked up new words and wrote them down in the notebook she brought along. Communication was extremely slow, but she felt she was taking the necessary steps towards speaking fluently.

One gentleman she spoke to was Gabriel. He was from England and had come to the language exchange to practice speaking Spanish. Like Camila, he had a rough childhood as well. He ran away from home at age 16 and took up laboring jobs to support himself. He also wanted to travel the world a bit, so he ended up migrating to Spain and France to see what he could find there. While traveling across Europe, he worked various jobs while he taught himself Spanish, French and even German.

After the language exchange event officially came to an end, Camila found Lucía and Gabriel chatting outside the venue. And it was in French! And he spoke beautifully and fluently! How could someone who had dropped out of school learn so many different foreign languages? What was he doing differently than her?

She decided to approach him and ask him directly. Gabriel said that, while moving to the target country certainly helped, it was not the deciding factor. He knew plenty of immigrant workers in Spain and France, who could only speak their native language. What mattered most was what one did in their free time. Gabriel spent the overwhelming majority of his time reading anything and

Fluent Spanish through Short Stories

everything he could in Spanish, French and German. Occasionally, he would go out with friends and socialize, but the vast majority of his time was spent reading and listening to foreign languages. It was the only way he could understand all the different words native speakers used. Studying got him nowhere.

While commuting their way home, Camila and Lucía discussed what Gabriel had told them. They both agreed that his language skills were nothing short of impressive. Lucía didn't quite agree with Gabriel, however. As a college student working part-time, there was just no way she could dedicate that much time each day to learning. Camila, on the other hand, reflected deeply on his words. She wanted desperately to speak fluently as Gabriel but in just one foreign language. The idea excited her more than anything else in her life. If he could do it, so could she, she figured. She wasn't sure exactly how to start, but she knew that the time to start was now.

DID YOU ENJOY THE READ?

Thank you so much for taking the time to read our book! We hope you have enjoyed it and learned tons of vocabulary in the process.

If you would like to support our work, please consider writing a customer review on Amazon. It would mean the world to us!

We read each and every single review posted, and we use all the feedback we receive to write even better books.

ANSWER KEY

Chapter 1:
1) A
2) B
3) B
4) A
5) C

Chapter 2:
1) C
2) A
3) A
4) B
5) A

Chapter 3:
1) B
2) A
3) D
4) D
5) D

Chapter 4:
1) D
2) A
3) C
4) A
5) B

Chapter 5:
1) C
2) C
3) D
4) C
5) C

Chapter 6:
1) A
2) D
3) D
4) A
5) B

Printed in Great Britain
by Amazon